国語授業を変える
言語活動の「方法」

方法が わかる！
言語活動が できる!!

● 編著
明星大学教授
白石範孝

● 著
江見みどり
駒形みゆき
田島亮一
野中太一

文溪堂

はじめに

筆を楽しんでいた子どもたちが次第に筆を嫌がり始める「わけ」

　筆で文字を書く書写の授業は、3年生からその学習が始まり、この時点で初めて筆を持つ子どもも多いものです。そんな子どもたちも筆で文字を書くことを、まるで絵でも描くように、鉛筆とは違う筆独特の書き心地を楽しんでいます。そんな子どもたちも書く文字がどんどん複雑になっていくと筆で書くことに対して抵抗をもち始め、だんだんと筆で書くことを嫌がるようになります。

　一方、習い事として「書道教室」に通って技術を習得している子どもは、文字を美しく書くためにその技術を生かし、筆で文字を表現していくことを十分に楽しみ、自分らしい文字を表現していきます。

　どうして、このようなことになってしまうのでしょうか？

　それは、筆をどのように使い、どのように動かして文字を書けばいいのかという筆で文字を書く「方法」を学んでいるか、学んでいないか、ではないでしょうか。方法を学んでいない子どもたちは、筆で文字を書くことは、鉛筆で書く文字とは違う筆の特徴を生かした独特の文字表現のおもしろさ、楽しさを味わっていないことが考えられます。

　「書道教室」では、筆で表現するためのさまざまな「方法」（技術）を教えてもらいます。学校の授業で、具体的な筆の使い方、書き方を指導しているでしょうか。方法を指導していけば、子どもたちは、筆で文字を書くことをもっともっと楽しむことができるのではないでしょうか。どのようにすればいいのかという具体的な方法を学べば、筆で文字を書くことを十分に楽しみ、自分らしく表現していくことになると思います。

　どんなことでもそうですが、「方法」（技術）をもてば、その楽しさを味わい、さらにはその技術を向上させ、自分らしい表現に向かうことになるのではないでしょうか。

「方法」を身につけることの2つの意味

　国語の授業でもさまざまな活動が行われています。その活動に向かうための「方法」を指導していくことは授業の大きなねらいとなります。しかし、その方法が指導されず、活動を行うことだけが取り上げられています。さまざまな「方法」を子どもたちに指導し、子どもたちがその方法を活用して、自分らしく表現できるようにしていくことをもっと、大切にしたいと思います。

　ただ、ここで大切にしていることは、さまざまな「方法」を習得することだけを目指しているのではありません。「方法」を身につけることの目的を次のような2点からとらえています。

①方法の習得
　「何をどのようにすればいいのか?」という方法を習得することを一つのゴールとします。

②方法を活用
　習得した「方法」をそのままでとどまらせるのではなく、多種多様な場において活用できるようにします。

　要するに「方法」の習得だけを目指すのではなく、その方法をさまざまな言語活動に生かしていくことを目指しています。
　本書では、あまり指導されないさまざまな「方法」の習得に視点を当てて、その指導の方法を具体的に考えてみたいと思います。

> 本書では「国語授業を変える『用語』」(文溪堂刊)での参照ページをご案内しております。同書は、改訂版にあたる「新　国語授業を変える『用語』」が、2021年に発刊されています。改訂版を参照される場合は、さくいん等で掲載ページをご確認ください。

もくじ

はじめに……………………………………………2

「方法」を学ぶとは……………7

I 物語を読む活動

あらすじをまとめる……………………………18
人物関係図をかく………………………………22
お話の図をかく…………………………………26
アニマシオン的活動で読む……………………30
逆思考で読む……………………………………36
主題を読む………………………………………40

＜白石範孝の国語コラム＞「考える」方法……………44

II 説明文を読む活動

表にまとめる……………………………………46
説明文を書き換える・書き加える……………50
文章構成図をつくる……………………………54
要旨・要約をまとめる…………………………58

＜白石範孝の国語コラム＞
　　　方法が大切なのは学習だけじゃない……………64

Ⅲ 文章を書く活動

観察文を書く …………………………………… 66
絵日記を書く …………………………………… 70
読書感想文を書く ……………………………… 74
報告文を書く …………………………………… 78
意見文を書く …………………………………… 82

<白石範孝の国語コラム>
　　子どもたちに伝わるように「方法」を示しているか……86

Ⅳ 制作・創作する活動

図鑑・事典をつくる …………………………… 88
紙しばいをつくる ……………………………… 92
アンソロジーをつくる ………………………… 96
リーフレットをつくる ………………………… 100
本の帯をつくる ………………………………… 106
詩を読んで創作する …………………………… 112
物語を創作する ………………………………… 116
短歌・俳句を創作する ………………………… 120

<白石範孝の国語コラム>
　　教材の工夫も「方法」を示す手段……………………124

もくじ　5

基本行動

視写する…………………………………126
漢字を練習する …………………………130
ノートを書く ……………………………134
音読する…………………………………138

おわりに…………………………………142

さくいん

[あ]
アニマシオン的活動 …30
あらすじ …………18
アンソロジー ……96
意見文 ……………82
絵日記 ……………70
お話の図 …………26
音読 ………………138

[か]
紙しばい …………92
観察文 ……………66
漢字………………130
逆思考 ……………36

[さ]
詩の創作……………112
主題 ………………40
事典 ………………88
視写 ………………126
人物関係図 ………22
図鑑 ………………88
説明文の書き換え ……50
説明文の書き加え ……50

[た]
短歌の創作…………120
読書感想文 ………74

[な]
ノート………………134

[は]
俳句の創作…………120
表 …………………46
文章構成図 ………54
報告文 ……………78
本の帯 ……………106

[ま]
物語の創作…………116

[や]
要旨 ………………58
要約 ………………58

[ら]
リーフレット………100

「方法」を学ぶとは

1.「方法」の現状……

　国語の授業の中では、「音読」「視写」「要点をまとめる」「新聞を書く」……と多種多様な活動が行われます。さらに、最近では「単元を貫く言語活動」が叫ばれ、さまざまな活動に加え、「パンフレットをつくろう」とか「紙しばいをつくろう」とか「〜図鑑をつくろう」といった物づくり活動が加わり、その活動に拍車がかかっています。

　このような活動の目的は、作品をつくることだけが目的となり、作品を仕上げていくための具体的な「方法」の指導は行われていないのが現状です。

　例えば、「要点をまとめる」という活動において行われている一般的な学習の様子を考えてみましょう。この学習では、まず先生の次のような言葉で始まります。

「要点をまとめてみましょう。」

　先生のこの指示で子どもたちは書き始めようとするのですが、困ったことが起こります。

◎子どもの悩み
・「要点」って、何だろう？
・「要点」って、どうすればまとめられるのだろう？
・どうやって書けばいいのかな？

　子どもたちのこの悩みについての指導はなく、とにかく要点を書かせようとしてしまいます。悩みが解決しない子どもたちは、思いついたことをなんでも書いてしまうか、手をつけられずに何も書かないで終わってしまうか……です。こんな子どもたちの現状は理解されずに次の発問で学習は進められていきます。

「まとめたことを発表しましょう。」

　この活動でも、先生も子どもたちも困ってしまいます。

◎子どもの悩み
・発表することがない。
・何を発表すればいいのか、わからない。
・書いてはいるけど自信がない。

◎先生の悩み
・いろいろな考えが出されて、まとまらなくなってしまう。
・どれが正解なのかわからなくなってしまう。
・どのようにまとめればいいのかがわからなくなってしまう。

　このような流れになってしまうのが国語授業の現状です。

　だから、教師は最終的に指導書に頼ってしまい、「要点はこのようになります」と指導書に書いてあったことを伝えておしまいにしてしまうのです。これで決着したかのように思われるのですが、子どもたちはまだまだ疑問をもち続けているのです。

2.「方法」がわかるって……

　もし、このような学習で「要点をまとめる」という次のような具体的な「方法」を子どもや先生がもっていたらどうでしょう。

〜要点をまとめる方法〜
・要点は、形式段落を短くまとめます。
・まず、形式段落の中から大事な（まとめをしている）一文を探します。
・次に、その一文を短くまとめます。そのとき、一文の主語を見つけて、その主語を文末においてまとめます。

◎子どもは、きっと……

　要点をしっかりとまとめられ正しい要点を表現でき、自信をもって発表することができます。さらには、発表する場においては、友達の考えと比べることで違いを見つけることができると共にみんなで答えを導き出すことができます。

◎先生は……

　要点を一つのゴールをもって導き出すことができます。また、子どもたちが違う方向で表現してきても、ゴールに向かって導いていくことができます。

　両者共に一つの答えを導き出せるので、何が良くて何が悪いかがはっきりさせることができ、学習の充実感が得られます。

　また、この方法を習得することでその教材だけでなく、いろいろな教材でも使えるようになります。

　具体的な「方法」を習得することは、他教科の学習ではあたりまえのように行われています。しかし、国語の学習においては、なかなか指導されていません。子どもたちが「読むこと・書くこと・聞く話すこと・表現すること」の活動で身につけなければならない力というのが、この「方法」ではないでしょうか。

　国語の授業でこの方法を指導していくためには、さまざまな活動の「方法」を教師である私たちが明確にもつことが最も大切です。そして、その「方法」を子どもたちに指導していくことが子どもたちの国語の学力を向上させていくことにつながるのではないでしょうか。

　以上のような「要点をまとめる方法」を学ぶ学習が、技術の習得にあたります。そして、この技術を使って、「意味段落をまとめる」とか「段落のつながりを読む」とか「文章全体をとらえる」「筆者の主張を読む」といった読みの活動に生かしていけるようにします。

3.「言語活動」と「方法」

「方法」が明らかにされてこなかった国語の「言語活動」

　国語の言語活動は、「どんな活動を行ったらいいのか」「何のためにその活動を行うのか」といった相談をよく受けます。まさに、言語活動の「方法」がわからずに、みなさん、悩んでいらっしゃるのです。

　下は、「国語における言語活動」を、私なりにまとめてみたものです（中原忠男先生が1992年に発表された「算数における言語活動」を参考にさせていただきました）。

　例えば物語作品の学習のあとに、言語活動として紙しばいづくりに取り組むことがありますが、その活動と国語の学習との関係が曖昧になっているケースが少なくありません。その違和感が、先生方の「国語の言語活動は、なんのために何を行ったらいいのかがわからない」という悩みに結びついているのだと思います。

　そこで、私が挙げた国語の言語活動の定義にあてはめてみてください。紙しばいづくりは図的表現にあてはまり、「作品や文章を、絵や図、グラフ・表などに整理して読む表現」であることがわかります。つまり、紙しばいづくりは、物語に書かれていることを整理するために行う言語活動なのです。

活動の目的によって活動の方法も違ってこなければならない

　例えば私は、紙しばいづくりは主に子どもたちに「場面」を意識させるための活動として行います。紙しばいの紙が何枚必要かを考えることからその物語の流れを整理し、いくつの場面に分けられるかを考えることにつながるからです。

　紙しばいづくりやペープサートづくりといった図的表現の活動は、ともすると図工と同じものになりかねません。仮につくるものが同じであったとしても、図工と国語とでは、目的が違います。つくり方や手順も異なります。評価の視点もまったく別のものです。

　国語の言語活動に取り組む際には、その活動がどのような目的をもったものなのか、その目的のためにはどのような方法で取り組む必要があるかをしっかり認識しておくことが大切なのではないでしょうか。

国語における言語活動

　文章や作品を読んでいく過程で、子どもに国語の用語・方法・原理原則を活用させ、個人や集団で「考える」という思考をさせたり、検討したりする活動のこと。

◆**音声的表現**…音読・朗読・群読や、対話・話し合いなどの活動を通して、作品や文章を読んだり、読み合ったりする表現

◆**創作的表現**…読みを活用して、創作・発展・補足したりする書く活動としての表現

◆**図的表現**…作品や文章を、絵や図、グラフ・表などに整理して読む表現

◆**言語的表現**…用語・方法・原理原則を活用して、自分の考えをつくったり、話し合ったりして、自分の考えを深めたり、高めたりする表現

4.「方法」を知った子どもたちの姿

その1 〜絵手紙〜
方法を教えることで表現の楽しさにふれさせる

分なりに表現することは、自分の考えや感じたことを表現する力を育てることにつながります。「絵手紙」は、誰もが十分に楽しめるものです。その中で、自分自身をじっくりと見つめて自分らしさを表現できるようにします。

絵手紙で育てる表現力

本校では、「総合活動」の時間でさまざまな言語活動を行っています。その活動として、「絵手紙」を描くことに取り組んできました。

「絵手紙」は、身近なものを見つめて感じたことを絵と短いことばで表現したものです。

絵手紙の良さは、絵を見ているだけでさまざまな言葉が生まれ、言葉だけを見ていてもいろいろな風景が浮かび、また、言葉によってさまざまな音が聞こえ、人それぞれに楽しい世界を味わえることです。また、想像することの楽しさだけでなく、自分で描いてみることの楽しさをも味わわせてくれます。

さらに、普段、見慣れたものを改めてじっくりと見つめ、そこに潜む自分だけの感動を一つでも多く見つけることの喜びや、それを大胆に表現することの楽しさを味わうことにもつながります。

対象物や事柄をじっくり観察し、自

「方法」習得への流れ

しかし、これまで繰り返し述べてきたように、子どもたちに「自分が興味をもったことを、絵手紙に描いてごらん」と言っただけでは、子どもたちは絵手紙を描くことはできません。自分流にできる子どももいるかもしれませんが、そこには活動のねらいや目的が反映されていませんから、国語の言語活動としての絵手紙とはいえないのです。

また、「方法」を知らないまま取り組んだのでは、子どもは自分の思いを十分に表現することができず、結局、絵手紙を描く楽しさを味わったり、表現する喜びを感じたりすることなく終わってしまうでしょう。

子どもたちが絵手紙を十分に楽しむためには、道具を理解しさまざまな使い方を知り、絵手紙らしい表現方法を身につけることが大切になってきます。

道具の使い方、どのように表現すればいいのか、という方法を身につけていなければ、絵手紙の良さを味わうことには届かないのではないでしょうか。

「絵手紙」を描くにもさまざまな方法を習得しなければなりません。その方法の習得のために次のような具体的な方法を指導してきました。

絵手紙を描く「方法」

(1) おもいっきり大きく
　形を気にせず大胆に描く楽しさを味わう。
① 描こうとするものを虫眼鏡でのぞき、そのままの大きさをはがきに写し取ることで、はがきからはみ出すことの感覚を味わわせる。
② いきなり筆ペン等で描いていくのに抵抗がある場合は、鉛筆で下書きしてから描かせるが、いつまでも下書きに頼らないようにしていく。
③ 絵に添える言葉は、長くならないようにする。一言、あるいは単語にしても十分思いは伝わることを味わわせる。
④ あまり細かいことを気にせずに、見たまま、思ったままを自由に描いてみることで楽しくなることに気づかせる。

(2) 何を描くの?
　普段何気なく見過ごしているものを見つめる。
① 作品の題材のほとんどは普段見慣れた物であり、目の前にあるものを取り上げて、上から見てみたり、下から見てみたり、斜めとさまざまな方向から見てみるとおもしろい形に見えたりする。それを絵と言葉で表現させる。
② 同じ題材を何人かで描くのもおもしろい。人によって、見方やそこから感じる言葉は違う。その違いを表現し合うおもしろさを味わう。
③ 色のつけ方は、絵の具で描く場合とは違うことに気づかせ、全体を薄い色で塗り、そこから、だんだんと濃く描く部分へと色をつけていく方法を教え、彩色のおもしろさを味わわせる。

(3) 言葉を添える
　描いた絵に言葉を添えて自分の思いを表現させる。
①文章にしない。
②単語で表現する。あるいは、「音を表す言葉」や「様子を表す言葉」を使わせる。
③体言止めや「!」「?」「…」等の記号を活用する。
④言葉を添える場所やスペースを考える。

実生活への動機づけ

「絵手紙」を描くことは、道具を与え思うように描かせているだけでは、絵手紙の本来のおもしろさ、楽しさを味わわせることにはつながりません。いちばん大切なことは、描き方(方法)を子どもたちが身につけることです。そして、このような技を日々の絵手紙を描く活動で十分に身につけて、日々の生活の中で使える力にしていき、絵手紙で自分の心を表現していくことを楽しめるようにしたいものです。

ここで掲載している絵手紙は、1年生の子どもの作品です。日常生活の中で絵手紙を描く「方法」を身につけることは、その活動を十分に楽しむ姿となるのです。

▲「夏」をテーマにかいた絵手紙をまとめた子どもの作品

> その2 〜新聞づくり〜
> **あえて方法を知らせず方法の大切さを感じさせる**

あえて「つくってごらん」とだけ

　次に紹介するのは、2年生で行った「新聞づくり」です。

　これまで、「教師が子どもたちに方法をしっかりと教えていない」ということを述べてきましたが、「方法」の大切さを考えたときにもう一つおさえておきたいことがあります。それは「方法の大切さを子どもたちにも認識させる」ということです。

　子どもたちが新しい力を身につけようとしたとき、ただやみくもに取り組んだのではなかなかうまくいきません。「どうすればいいのか」という「方法」を自分から知ろうとすることが大切なのです。

　例えば逆上がりができるようになるためには、どうすればできるようになるのか、その練習方法を知る必要があるのです。いくら頑張っても、自己流では限界があります。「方法」を知ることの大切さを子どもたち自身も知っておくことは、国語に限らずとても重要なことなのです。

　今回取り組んだ新聞づくりのテーマは、「おすすめの本の紹介」です。

　授業では、まずは方法をまったく教えずに取り組ませました。「みんな新聞って知ってるよね。自分のおすすめの本を新聞で紹介しよう」とだけ、投げかけました。

　子どもたちは思い思いに新聞づくりに取り組み、さまざまな新聞ができあがりました。

納得できない表情の子どもたち

　ところがあまり納得できていない表情です。
　子どもたちから、こんな声があがり始めました。
・何かものたりない！
・チラシのようだ。
・なにがどこに書いてあるのかわからない。
・パッと見てわからない。
——といったことです。つまり子どもたちは、新聞をつくる具体的な方法を知らないままに取り組んだため、新聞らしい新聞ができなかったのです。

　そこで子どもたちに、5年生がつくった新聞を見せました。さすがに5年生の作品だけあって、立派に新聞の体裁をしています。子どもた

ちも「あっ、本当の新聞みたい!」と叫びます。

　自分たちの新聞と5年生の新聞を見比べたうえで、もう一度つくり直させますが、ここで「これを見本にしてつくり直してごらん」とやってしまったのでは、方法を教えたことにはなりません。5年生の新聞は自分たちの新聞とどこが違うのかを、具体的に観察させます。これが、新聞づくりの方法を知ることにつながるのです。

　子どもたちの声をもとに、新聞をつくるときにはどうすればいいのかを黒板にまとめます。

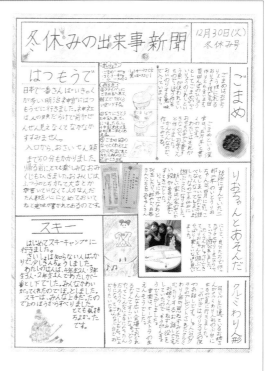

▲2年生の子どもがつくった新聞(「おすすめの本の紹介」新聞のあと、自分で調べたことや冬休みをテーマにつくったもの)

「方法」を学ぶとは　15

新聞のつくり方

1 大きな枠をつける。
2 新聞の名前をつける。
 ・場所を工夫する。
3 書くことを決める。
 ・本を5つ以上紹介する。
 ・順番を決める。(書きたい順)
4 割り付けをする
 ・書きたい順をもとに。
 ・形は自由。
 ・書く方向(縦書き/横書き)を決める。
 ・題名と資料の位置。
 　(写真、絵、マンガ、記事、表、図)

　これらをもとに、新たにつくりはじめた子どもたちの作品は、どれも新聞らしい体裁をしています。

　はじめに「新聞はこうつくるんだよ」と教えてしまう手もありますが、それでは単に新聞づくりのマニュアルを知って終わってしまう恐れもあります。あえてはじめは方法を教えずに「失敗」させることによって、子どもたちはどうして新聞をつくるときに、見出しや割り付け、写真や図が大切なのかという意味を理解したうえで、新聞づくりの方法を身につけることができるのです。

　また、子どもたち自身も、「方法を知っているのと知らないのとでは、こんなに違うんだ」ということを感じ取ることができたと思います。

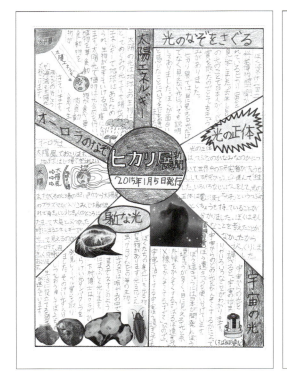

▲2年生の子どもがつくった新聞(「おすすめの本の紹介」新聞のあと、自分で調べたことや冬休みをテーマにつくったもの)

I 物語を読む活動

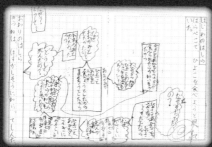

あらすじをまとめる……18
人物関係図をかく……22
お話の図をかく……26
アニマシオン的活動で読む……30
逆思考で読む……36
主題を読む……40

Ⅰ 物語を読む活動

あらすじをまとめる

物語の設定、全体像、中心人物の変容などをとらえ、まとめる力を育てる

　あらすじをまとめるには、「物語の設定を含めた５Ｗ１Ｈを手がかりとしてまとめる」「物語の設定を基準にして場面を区切り、場面の内容をつなぎ短くまとめる」「物語の出来事とその解決（結果）をとらえまとめる」などの方法があります。

　この活動をとおして、設定、物語の全体像、中心人物の変容などをとらえて、まとめる力を育てます。また、変化に気づくことで場面の区切りを見つけることができます。

「国語授業を変える『用語』」へのリンク

◆設定…p.50　　◆あらすじ、5W1H…p.52　　◆変容…p.68　　◆一文で表現する…p.84

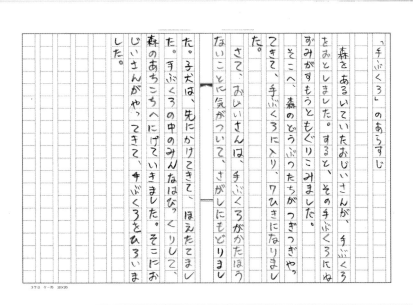

▲子どもがかいた「手ぶくろ」のあらすじ

手順

手順1　物語の設定をつかむ。

　　　　　物語のはじめのところを読み、「時」「場所」「登場人物」などの設定をとらえる。

手順2　物語のはじめと終わりをつかむ（主人公の変容をつかむ）。

　　　　　物語のはじめと終わりをおさえ、違いを読む。

手順3　場面を区切り、出来事をとらえる。

　　　　・時・場・登場人物の変化を手がかりに場面をとらえる。
　　　　・それぞれの場面の出来事をまとめる。
　　　　・出来事の順序を確かめる。

手順4　あらすじをまとめる。

　　　　・接続詞を使って出来事をつなぎ、展開をまとめる。
　　　　・ねらいに合わせて、まとめる文の長さが決まる。

そのほかの手順

　上記の手順は、低学年でも行うことができることを前提とした、基本的な手順です。上記以外の手順でも、あらすじをまとめることができます。

◆**5W1Hの形でまとめる**

　5W1H（When＝いつ、Where＝どこで、Who＝誰が、What＝何を、Why＝どうして・なぜ、How＝どうやって、どうした）は、出来事を説明したり、話の内容を紹介したり、新聞などの記事を書いたりするときなどによく使われます。つまり人にものを伝えるときの必要条件がここに集約されているのです。ですから、この5W1Hは、物語を読んだときその話を構成している文章の要素としてあらすじをまとめるときの観点にもなり、一読してある程度の内容を把握するための手がかりとして使えます。

　5W1Hの視点であらすじをまとめていくと、複雑な話をシンプルにしていけるのです。5W1Hの中から必要な観点だけを取り出してまとめさせてもよいでしょう。

◆**「一文でまとめる」方法を活用し、出来事とその解決（結果）をとらえてまとめる**

　あらすじをまとめるとき、場面ごとに区切って心情を読み取ることをきっちりしようと思うあまり、逆に物語全体をとおした中心人物の変容や、それに結びつく伏線がわかりにくくなってしまうことがあります。

　本来は、その事件や出来事によって中心人物がどうなったか、場面をつなげて全体を読むことが必要になってきます。物語を「一文で書く」（「○○が、〜することによって、××になる話」とまとめる）ことによって、全体の中で中心人物が何によってどのように変化したのか、結局最後はどうなったのかを中心に、あらすじをまとめていくという方法も考えられます。

実践実例

「手ぶくろ」で、あらすじのまとめ方を習得する

『手ぶくろ』（ウクライナみんわ　うちだりさこ訳）
『しょうがっこうこくご』学校図書　平成27年度　1年下

学習活動1
物語の設定をつかむ 手順1

物語のはじめのところを読み、設定をとらえます。そして、物語は、冒頭で示された「物語の設定」という枠組みの中で展開されていくことを確認します。
- いつ→（冬　雪の降る日　挿絵から）
- 場所→森
- 登場人物→おじいさん・子犬
　　　　　　手ぶくろに入る動物たち

学習活動2
出来事をとらえる・繰り返しを楽しむ 手順2・3

まず、物語のはじまりをおさえましょう。
「おじいさんが手ぶくろをかたほうおとして、そのままいってしまいました。」

「つぎは、どうなる？」を楽しみながら、登場人物をつかんでいきます。原典になった絵本（福音館書店刊）では、本文を読んだだけではわからない事柄が、挿絵からわかります。手ぶくろは、どんどん大きな家のようになって、みんなが楽しそうに住んでいます。

（はじまり）

おじいさんが、手ぶくろをかたほう おとした。
　　↓
ねずみがかけてきて、手ぶくろにもぐりこんだ。
　　↓
「ここでくらすことにするわ。」
　　↓　←ぴょんぴょんがえる

「入れて。」
「どうぞ。」
もう2ひきになりました。

> くいしんぼねずみ
> ぴょんぴょんがえる

　↓　←はやあしうさぎ

「入れてよ。」
「どうぞ。」
もう3びきになりました。

> くいしんぼねずみ
> ぴょんぴょんがえる
> はやあしうさぎ

　↓　←おしゃれぎつね

「入れて。」
もうこれで4ひきになりました。

> くいしんぼねずみ
> ぴょんぴょんがえる
> はやあしうさぎ
> おしゃれぎつね

　↓　←はいいろおおかみ

「入れてくれ。」
「まあいいでしょう。」
もうこれで5ひきになりました。

> くいしんぼねずみ
> ぴょんぴょんがえる
> はやあしうさぎ
> おしゃれぎつね
> はいいろおおかみ

　↓　←きばもちいのしし

「入れてくれ。」
さあ、こまりました。
「ちょっと、むりじゃないですか。」
「いや、どうしても入ってみせる。」
もうこれで6ぴきです。

> くいしんぼねずみ
> ぴょんぴょんがえる

はやあしうさぎ
おしゃれぎつね
はいいろおおかみ
きばもちいのしし
　　↓　←のっそりぐま
「うおー、うおー。入れてくれ。」
「とんでもない。まんいんです。」
「いや、どうしても入るよ。」
これで７ひきになりました。

くいしんぼねずみ
ぴょんぴょんがえる
はやあしうさぎ
おしゃれぎつね
はいいろおおかみ
きばもちいのしし
のっそりぐま
　　↓　←子犬
「わん、わん、わん。」
とほえたてました。
　　↓
みんなはびっくり
手ぶくろからはいだすと、森のあちこちへにげていきました。
　　↓
おじいさん
手ぶくろをひろいました。

（おわり）

　繰り返しを楽しみながら、出来事を追いましょう。手ぶくろを訪れる動物は、どんどん大きくなっていきます。それぞれの個性を発揮しながら、手ぶくろに入っていきます。このように動物たちがやってきたことをおじいさんは知らないというのも、この物語のおもしろさです。
　登場人物の絵を描いたカードを用意して、展開の順序を確かめます。

学習活動３
「手ぶくろ」のあらすじをまとめる 手順４

　出来事をまとめ、その解決（結末）をあらすじにまとめます。全部の出来事を挙げると、物語をそのままなぞることになるので、出来事をまとめます。この物語は、時や場所の変化はありません。登場人物が増えていくのが特徴です。
　「だれが、どうした。」という文型で出来事を表します。そして、接続詞を使って展開をまとめます。ここでは、文中の「すると」「そこへ」「さて」を使いました。

（例１）
　森をあるいていたおじいさんが、手ぶくろをおとしました。すると、その手ぶくろにねずみがすもうともぐりこみました。
　そこへ、森のどうぶつたちがつぎつぎやってきて、手ぶくろに入り、７ひきになりました。
　さて、おじいさんは、手ぶくろがかたほうないことに気がついて、さがしにもどりました。子犬は、先にかけてきて、ほえたてました。手ぶくろの中のみんなはびっくりして、森のあちこちへにげていきました。そこにおじいさんがやってきて、手ぶくろをひろいました。

（例２）
　おじいさんの手ぶくろが森におちている間に、森のどうぶつたちが、その手ぶくろでくらそうと集まってきて、みんな入れたお話です。

　このように、あらすじをとらえてまとめることは、物語の設定や構成をとらえ、主題につなげていくことができる重要な学習だといえます。

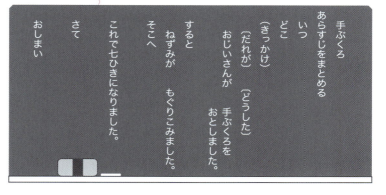

Ｉ　物語を読む活動

Ⅰ 物語を読む活動

人物関係図をかく

物語の全体像をとらえ、人物像を浮かび上がらせる叙述をつかむ力を育てる

「人物関係図」は、物語の中心人物と対人物を中心に、登場する人物の人物像や関わり合い、役割などを、図を用いて示したものです。図の中に「事件」を書き込み、作品の全体像を見えるようにすることもできます。

人物関係図をかくことは、物語の設定や全体像、登場人物同士の関係をつかみ、整理するだけでなく、人物像を浮かび上がらせる言葉（叙述）を見つける力を育てることにもなります。

「国語授業を変える『用語』」へのリンク

◆登場人物…p.56　◆人物関係図…p.82

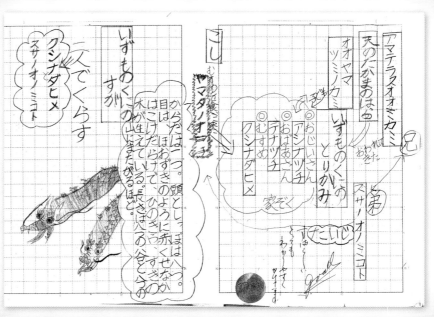

▲子どもがかいた「ヤマタノオロチ」の人物関係図

手順

手順1　登場人物の名前を挙げ、中心人物をおさえる。
登場人物は、人のように描かれている動物や物である。

手順2　人物の特徴を書く。
登場人物それぞれが、どんな人物なのか読み、図に書き込む。重要度により詳しい書き込みになり、一人の人物の占めるスペースが広くなる。

手順3　関連する出来事を書く。
―や→によって、登場人物をつなぎ、中心人物との関係をわかりやすく表す。

手順4　登場人物の関係や関わりを図示する。
関連する出来事も書き込み、登場人物がどのような関わりの中で変容を起こしたのかを表す。

手順5　図から読む・図にまとめる。
・順序やつながりで気づいたことを発表する。
・学習のまとめとして物語の全体像をまとめる。

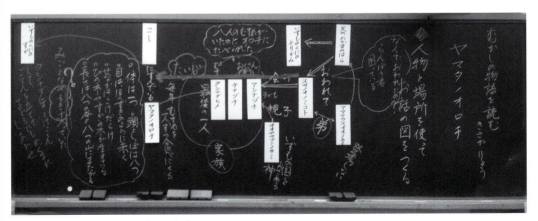

▲「ヤマタノオロチ」の人物関係図の板書

実践実例

「ふきのとう」で、人物関係図のかき方を習得する

『ふきのとう』くどうなおこ　光村図書『こくご』平成26年度2年上

学習活動1
舞台を表すワークシートを用意する 手順1・2

「ふきのとう」は、人物関係図により、人物の位置関係がとらえられます。それにより、出来事の展開に順序と必然があることを視覚的に把握できます。

物語の舞台である森を表すワークシートを用意し、そこに登場人物を書いたカードを貼っていきながら、登場人物同士の関係をとらえさせ、人物関係図をつくります。

学習活動2
登場人物のカードをつくる

まず、登場人物の名前を書いたカードをつくります。付箋に書いておくと、ワークシートに貼るときに都合よくなります。

この教材の場合、「あさのひかり」や「水」「空」などを、カードの候補として子どもは取り出します。それらを検討することによって、「登場人物」とは、どのような人やものを指すのか確認することができます。

学習活動3
役割で音読する

ここで改めて音読をします。役割を決めて、音読をさせることで、会話以外の部分を読む役として、語り手が必要になることに気づかせます。

学習活動4
このことをしたのは、だあれ？ 手順2

続いて、次のことをしたのは誰かを問いかけます。これによって、登場人物とその行動とを関連づけます。

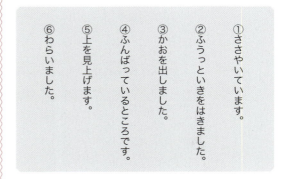

①ささやいています。
②ふうっといきをはきました。
③かおを出しました。
④ふんばっているところです。
⑤上を見上げます。
⑥わらいました。

上を見上げるのは、雪と竹やぶです。ここで、場面の上下の広がりに気づかせ、次の学習活動につなげます。

学習活動5
ワークシートの森の中にカードを貼る 手順3・4

まず、登場人物のカードの位置を考えて貼ります。「はるかぜ」をどうするかという疑問が出ました。みんなが「見上げている」ということから上の方に貼ることにしました。「南の方」ということで枠の外に置きたいという子どももいました。

次に—や→によって、登場人物をつなぎ、登場人物の関係と順序を示します。この物語では、お日さまをさえぎる位置関係とはるかぜがふいたあと、ふきのとうが顔を出すまでの順序が大事なポイントです。それを意識させるために人物関係図をかきます。

そのあとに、会話や行動を書き足します。

学習活動6
音読し、この物語のおもしろさに気づく

登場人物の相互の位置を考え、動作も入れるとさらに楽しめます。

物語の感想を発表します。発表の中から、「物語のおもしろさ」として、子どもたちが気づいたものを取り出します。
・順序やつながり
・詩みたいな（オノマトペ・リズム）表現
・人物の設定
（ふきのとうががんばっている・お日さまがやさしい・はるかぜがおもしろい）

たくさんの登場人物、複雑な人間関係を人物関係図で把握する
～「ヤマタノオロチ」の場合～

23ページの板書は、「ヤマタノオロチ」の人物関係図です。

この神話には、大勢の人物が登場する。全部がカタカナなので、児童にとっては男女の別さえわからないうえに、読みにくい作品です。そこで、登場人物の名前を挙げ、関係を整理していくと、名前を読み慣れ、物語の全体像をとらえることにもなります。

ここでは、登場人物の名前を書いたカードを場所と関連づけて関係図をつくります。

|たかまのはら|には、アマテラスオオミカミ。
|いずものくにのとりかみ|に、
スサノオノミコトがおりてくる。
アシナヅチの家族が住んでいる。
|こし|には、ヤマタノオロチ。
|いずものくにのすが|は、幸せに暮らすところ。

このあとに、人物の特徴や関係を書き足すと、この話の展開も整理されます。

＜場所カード＞
|たかまのはら|
|いずものくにのとりかみ|
|こし|
|いずものくにのすが|

＜人物カード＞
|アマテラスオオミカミ|
|スサノオノミコト|
|オオヤマツミノカミ|
|アシナヅチ|
|テナヅチ|
|クシナダヒメ|
|ヤマタノオロチ|

＜話の展開＞
スサノオノミコトが|たかまのはら|をおわれる
↓
|とりかみ|で泣いている家族に会う
↓
ヤマタノオロチを退治する
↓
結婚し、|すが|で幸せに暮らす

『ヤマタノオロチ』きさかりょう　学校図書『小学校こくご』　平成26年度2年上

I 物語を読む活動

お話の図をかく

論理的に自力で文学作品を読む力を育てる

　お話の図とは、作品の設定や基本構造を図に表したものです。お話の図を作成しながら読むことで、作品の構造をつかむことができます。

　お話の図をかく活動を通じて、作品の基本三部構成をもとにした構造をとらえる力やその構造を図（低学年では「お話のお山」）に表す力、論理的に自力で文学作品を読む力などを育てることができます。

「国語授業を変える『用語』」へのリンク

◆設定…p.50　◆中心人物・対人物…p.58　◆事件（出来事）…p.66　◆変容…p.68
◆基本構成…p.74　◆山場、クライマックス…p.80

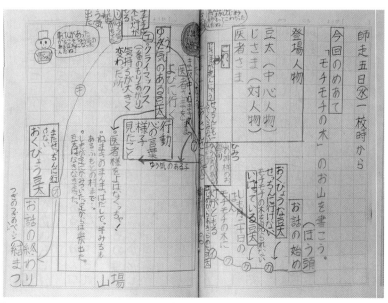

▲子どもがかいた「モチモチの木」のお話の図

手順

手順1　読みの観点で「お話のお山」づくりの共通理解をする。

読みの観点で、お話のお山づくりのための確認読みで共通理解をする。
特に、学習用語は、お話のお山づくりでは重要になるのでしっかりとおさえる。

> ＜読みの観点＞
> 中心人物、対人物、時と場、はじめと終わりの変容、事件・出来事（変容のきっかけ）、変容点（人物の心情の変容）、山場とクライマックス

手順2　お山のような曲線を見開き2ページのノートいっぱいに大きく描く。

「お話のお山」は、見開き2ページのノートで、一教材を完成させる。まず、お山の曲線を見開き全面に描く。この時に大切なことは、単元で読み進めていく中で、読み取ったことを書き込んでいくので、書き込む余白を多く残しておくことである。そのためにも、お山は大きく描いておくとよい。

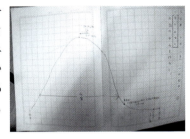

手順3　学習用語と読みの観点をお話のお山に書き込む。

読みの観点でまずおさえた内容を書き込んでいく。中心人物と対人物、いつ、どこでのお話、お話のはじめと終わりの変容、事件や出来事（変容のきっかけ）、変容点（人物の心情の変容）など。

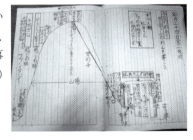

手順4　変容点を中心に、変容のきっかけになった事実や理由などの読み取ったことを書き込む。

毎時間読み取ったことをこのお話のお山にどんどん書き入れて、完成させる。例えば、場面ごとの人物像「幸せな気持ちになったがまくん」「自分のいたずらを後悔するごん」などである。それによって中心人物の心情や変容を表現させる。
また、その事件や出来事が、心情や様子の変容のきっかけになっていることが多いので、その因果関係を線やコメントで表すようにする。

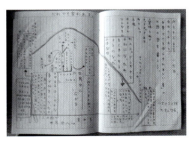

実践実例

「モチモチの木」で、お話のお山のつくり方を習得する

「モチモチの木」 斎藤隆介　光村図書『国語』平成26年度　3年下

　この単元では、「モチモチの木」のお話のお山を作成させます。

　読みの観点である中心人物・対人物、時と場、はじめと終わりの変容、事件や出来事（変容のきっかけ）などを意識しながら、自分で読んだ本を再度読み直します。一読者として読書した本を解釈するために、再度読解していく言語活動である「お話のお山づくり」が必要になってくるのです。

　単元を貫く言語活動とは、はじめから設定するのではなく、必然的に表現しようという目的意識や必要感によって生まれてくるものでなければなりません。それによって子どもたちは、お話の三部構成，登場人物・中心人物・事件といった学習用語を使い、自分の考えたお話のお山を作成し、物語を創作しようと意欲を高めていきます。このようにして言語活動が自然にグレードアップしていくのです。

```
事件や出来事と人物の変容の
因果関係をお話のお山に書き込む
↓
豆太の変化したことと変化してないことを
お話のお山に書き込む
↓
「お話のお山」を完成して、展覧会をする
↓
「お話のお山」でおすすめの本を紹介する
```

　読みの観点から、出来事や事件をおさえるようにします。
「いつのことか」
「だれが主人公なのか」
「どこで起こったことなのか」
「どんな事件だったのか」
「どうしてそのような事件が起きたのか」
などを第一段階の読みでおさえるようにします。特に、はじめと終わりの中心人物「豆太」の様子をおさえて、お話のお山に書き込みます。

学習活動1
「お話のお山」の基本設定を確認する。
手順1

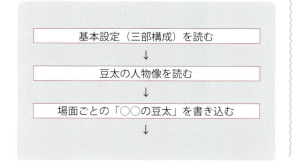

```
基本設定（三部構成）を読む
↓
豆太の人物像を読む
↓
場面ごとの「○○の豆太」を書き込む
↓
```

学習活動2
はじめと終わり「○○の豆太」の中心人物像を確認する。
手順2・3

　中心人物の人物像について発問します。その際、「○○の豆太」という形式で発表させるようにします。さまざまな人物像が想定できるが、豆太の言動や様子を叙述をもとにして考えさせるようにします。臆病である姿が、はじめと終わりの叙述に違いがあることにも気づかせ、お話のお山に書き込みます。

I　物語を読む活動

学習活動3
「○○の豆太」という人物像をお話のお山に書き込み、全体構造をとらえる 手順3

　冒頭・展開・山場・クライマックス・結末という用語の定義を確認させながら、豆太の人物像を書き込ませていきます。

　「冒頭」では、豆太の人物紹介、つまり豆太の人物像が語られていますので、まず、お話のお山に書き込みます。

　次の「展開」では、いよいよお話が始まる事件が起こります。その起きた事件や出来事が、変容の伏線になることが多いのです。「霜月二十日のばん」から「山場」が始まります。じさまのおなかが痛くなるという大きな事件です。いくつかのエピソードがあって物語が動きます。

　「クライマックス」は中心人物が変容する転換点です。クライマックスが過ぎると「結末」があり、その事件の結果がどうなったかということが付け加えられます。

　特に、クライマックスは、勇気のある豆太という人物像とモチモチの木に灯がつく事実との因果関係を読み取らせるようにします。その読み取ったことを書き込むようにします。

学習活動4
「お話のお山」に、冒頭と結末で変わったことについて書き込む。 手順3・4

　中心人物の人物像の変容について、お話のお山をもとに話し合わせます。
・臆病な豆太が勇気のある豆太に変わった。
・こわがりの豆太が、医者様を呼びに真夜中に駆け出した。
・見えないと思っていたモチモチの木に灯がつくのが見えた。

　臆病な豆太が勇気のある豆太に変わったのきっかけが、じさまを助けたいという一心であったことを読み取らせます。また、灯がついたモチモチの木を見られたことが、勇気のある豆太に変わったことであることに「霜月二十日のばん」のじさまの話との関係性にも気づかせます。

学習活動5
「お話のお山」に、冒頭と結末で変わらなかったことについても書き込む。 手順3・4

　やはり、お話のお山をもとにして、臆病である姿が、冒頭部と結末部では変わっていないことに着目させて話し合います。「しょんべんにじさまを起こす」豆太の臆病さは、まったく変わっていません。また、しょんべんに起こされるじさまも、変わらないのです。しかし、臆病さだけではなく、じさまを大切に思う豆太の心も一貫して変わらないのです。

　その変わらない一貫した思いも、お話のお山に書き入れます。

学習活動6
「お話のお山」を完成して展覧会を開く。

　見開きで書いたノートを、机の上に広げさせる。展覧会で互いの鑑賞し合う観点について話し合い、ベストを選ぶ。
①学習用語（冒頭・展開・山場・結末）が明確に記入されているか。
②「○○の豆太」という形式で人物像が明確に書いてあるか
③変容がわかりやすく書かれているか。
④変容したわけやきっかけが書かれているか。

Ⅰ 物語を読む活動

アニマシオン的活動で読む

確かな読みを目指した学習で、思考する読みの力を育てる

　「読書のアニマシオン」をもとに考え出された確かな物語の読みを目指した学習方法で、多様な活動があります。その中でよく行われる「お話の順に並べ替えよう」では、物語の中からいくつかの文を書き抜いたカードを、物語の順に並べ替えながら、物語の全体像をつかんだり、読み深めたりします。アニマシオン的活動で読むことによって、ただ漠然と読むのではなく、設定などを正しくとらえ、思考する読みの力を育てることができます。

「国語授業を変える『用語』」へのリンク

◆設定…p.50　◆登場人物…p.56　◆地の文・会話文…p.62　◆題名（物語）…p.86

▲アニマシオン的活動による「木かげでごろり」の授業

手順　「お話の順に並べかえよう」の場合

手順1　カードをつくる。

10枚前後のカードを用意する。物語の設定・登場人物の会話文と語り手の語り・繰り返しを考慮して、カードを並び替えたときに中心人物の変容がわかるように選ぶ。

手順2　題名をとらえる。

題名の提示を工夫して、注目させる。題名の中の助詞や、省かれている言葉（補いたい言葉）を考えるように喚起することで、手順5・6の学習活動と題名を関連づけることができる。

手順3　登場人物を確認する。

会話文から、それは誰が話した言葉なのかを考えることで、登場人物をおさえる。また、地の文から語り手の存在をおさえる。

手順4　カードの仲間分けをする。

仲間分けの観点を見つけて、大きく3つぐらいに分ける。仲間分けの観点と物語の読みの観点を関連づけるようにする。

手順5　仲間ごとに物語の順に並べる。

順序を整えて、物語の全体をとらえる。
因果関係を意識して順序を考える。

手順6　一文でまとめる。

「　　　　が、　　　　によって、　　　　になる話」という文型を用いて、作品の全体像をまとめる。

カードにする文はどうやって選ぶ？

「お話の順に並べ替えよう」のカードをつくるときには、ねらいを定めて文・部分を取り出します。選ぶ視点には、次のようなものがあります。

①会話文を取り出す（「　」の部分だけを取り出す）・地の文も取り出す
　……登場人物をつかんだり、語り手・視点に気づかせたりすることができます。
②時間の経過や場所を表す言葉が入っている文を取り出す
　……場面の移り変わりを気づかせることができます。
③物語のはじめと終わりの登場人物の様子をおさえる文を選んで入れる
　……中心人物の変容を考えるきっかけになります。
④繰り返し出てくる表現・出来事を取り出す
　……比較することで、変化や登場人物のこだわり・伏線に気づくことができます。
※枚数が多くなりすぎると、整理したり検討したりすることが難しくなるので注意が必要です。

実践実例

「木かげにごろり」を、アニマシオン的活動で読む

「木かげにごろり」金森 襄作　東京書籍『新しい国語』平成26年度　3年下

「木かげにごろり」を、アニマシオン的活動で読む学習活動を紹介します。

学習活動1
音読する

正確に読めるようになるまで十分に音読します。

学習活動2
題名を確かめる 手順2

「木かげでごろり」とあえて誤った題名を板書します。すると子どもは、「で」ではなく、「木かげに」だと指摘し助詞に大切な意味があると意識するようになります。

「木」と「かげ」も絵を描いて示し、「木かげ」がどのように変化するのか、どうして変わるのか考えさせます。

学習活動3
カードを確認する

アニマシオンカードを1枚ずつ提示します。子どもは、音読して書かれた文を確かめます。

①「地主様、木かげがどこまでのびているか、しっかり見てくだされ。木かげはまちがいなく、わたしたちが買ったものでございます。」

②「広場はそうでも、この木はちがう。これはわしのじい様が植えたものだから、この木かげもわしのものじゃ。入りたければ、木かげを買いとってから入れ。」

③こりゃあ、だれのゆるしをえて、わしの門の前でねておる。」

④「こりゃあ、だれのゆるしをえて、わしの板の間でねておる。」

⑤「また一月ほどたった夕方のことです。

⑥それから一月ほどたった夕方のことです。

⑦ある夏の日のことです。

⑧「あっ、おれたちの木かげにごちそうが入った。」

⑨秋風がふきはじめたころのことです。

⑩「こりゃあ、だれのゆるしをえて、わしの中庭でねておる。」

⑪「こりゃあ、だれのゆるしをえて、わしの木かげに入ろうとする。」

学習活動4
登場人物をおさえる 手順3

会話文のカードを使って、登場人物をおさえます。

・「地主様」と言っているのは、誰でしょう。
・「こりゃあ」と言っているのは、誰でしょう。
・それ以外の言葉は、誰が言っているのでしょう。

学習活動5
カードを仲間分けする 手順4

最初に少人数のグループで、カードの仲間分けを試みます。これを受けて、クラス全体で仲間分けの観点を話し合います。会話文かどうかということや、繰り返し出てくる言葉に着目しました。

その結果、「こりゃあ」「語り手」「その他」の3つの仲間に分けました。「こりゃあ」のカードで「場所」がわかり、「語り手」のカードで「時」がわかります。残りのカードを分ける観点として、「会話」「地主」「おひゃくしょう」などの意見が出ましたが、いずれも共通性が見いだせないので「その他」としました。

子どもたちは、仲間分けで集めたカードから物語の特徴・おもしろさに気づくことができました。

子どもたちは、11枚のカード全部を見て、どれがいちばんはじめになるか選ぼうとします。けれどもこの学習では、まずまとまりに分け、次に順序を決めることで、思考方法を学び、思考する力を育てようとしています。

つまり、「お話の順に並べ替えよう」という学習活動は、カードの順序を考えるだけの活動ではないということです。

11枚のカードの大きな「まとまりをつくる」ためにカードの共通性を見いだしたり、物語全

I 物語を読む活動 33

体との関連から、分ける観点を見つけ出したりします。

そのあとの「順序を考える」ときにも、順序を決めるための観点を明確にすることが必要です。例えば、時間が基準となったり、物語の出来事の順序が基準となったりします。成長順などの決まりによるときもあります。カードを比べて因果関係から前後が決まるときもあります。このように様々な観点があるので、順序やまとまりを決めるときには、その理由に触れるようにします。

学習活動６
仲間ごとに順序を考える 手順5

大きく３つに分けた仲間ごとに順序を考えます。はじめに語り手の仲間から並べることにします。⑤・⑥・⑦・⑨のカードです。それは、時間の経過をはっきりととらえることができるからです。木かげの広さが変わるのは、木が大きくなったからではなく、季節の変化によるものです。そのことをとらえるために、まず時間の経過をつかむのです。

次に、「こりゃあ」のカードの順序を考えます。③④⑩⑪のカードを集めて、比べます。
「違っている言葉は何？」
すると、違うのは、場所を示す言葉だけであることがわかります。また、地主が同じような言葉を繰り返すおもしろさに気づきます。これらのカードを配置しながら、場所の変化と木かげの広がりに気づきます。

そこで、題名とのつながりに戻ります。「木かげに」と、「で」ではなく「に」を選んだ理由を明らかにします。

最後に「その他」のカードを配置します。次の３枚です。
①「地主様、〜でございます。」
②「広場はそうでも、〜木かげは買いとってから入れ。」
⑧「あっ、おれたちの木かげにごちそうが入った。」

②は、地主の言葉で、この話のきっかけとなる文です。子どもは、カードの列の中に簡単に配置します。

①と⑧は、おひゃくしょうたちの言葉です。⑧は、物語の結末をおさえるためのカードです。

このように、カードに書かれている文は、物語の展開がおさえられるように選んであります。物語は、いくつかの事件（出来事）があります。物語全体をとらえるためには、特にはじまりと終わりが大切になります。

①は、難しいカードです。
①「地主様、木かげがどこまでのびているか、しっかり見てくだされ。木かげはまちがいなく、わたしたちが買ったものでございます。」

この文は、作品の中で２回出てきます。けれども、そっくり同じというわけではありません。どこが違うのでしょうか。それは、「まちがいなくわたしたちが」と「まちがいなく、わたしたちが」という読点の有無です。子どもたちは、本文を読んでも、その違いをなかなか発見することができませんでした。

①の文はこの作品の中で繰り返される意味とこの読点があることによる強調に気づくように選ばれた文です。１つの「、」で、こんなに違うものなのだと子どもたちは驚いていました。作者の言葉選びの巧みさも知ることになります。

全部のカードを並べ終わったところで、物語の全体像を確認します。季節とともに木かげが、広場から門へ、中庭へ、さらには家の中にまで伸びていきます。地主が、そのたびに「こりゃあ、〜」と怒っています。最後には「地主はだまって家の中へ入っていきました」という家の中にまでかげは伸びました。

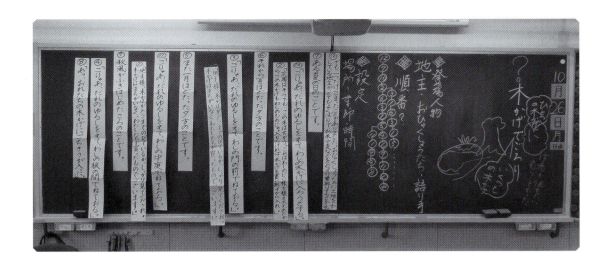

学習活動7

一文でまとめる 手順6

次の文型を使って、作品の全体像をまとめます。

(中心人物) が
(出来事) によって
(どうする)(どうなる) 話

中心人物は、おひゃくしょうたちです。そのおひゃくしょうたちは、はじめは、地主に困っていましたが、最後はどうなったでしょうか。子どもたちは、次のような意見を出しました。

・勝った。
・うれしくなった。
・おどり始めた。
・地主が頭をかかえた。

などです。

「おひゃくしょう」がどのようになったのかということでまとめないと中心人物の変容ではなくなってしまうので、主語と述語がねじれないように注意します。

中心人物であるおひゃくしょうたちが、困っているのをどうにかしようとしている話なのだと、子どもたちは話します。一文の3つの空欄のうち、中心人物と出来事は容易に決まりました。

おひゃくしょうたち が
木かげを買ったこと によって
　　　　　　　　　 話

しかし、最後の空欄が、いろいろな意見が出てなかなか定まりませんでした。

・うれしくなる話。
・地主にやり返した話。
・地主に勝った話。
・地主との立場が逆になる話。

中心人物がどのように変わったのかをもとにして考えます。

この「一文でまとめる」文型の2つ目・3つ目の　　　に入る「出来事」「どうする・どうなる」は、子どもの発達段階によって変わります。

低学年では、結末がおさえられればよいでしょう。次第に中心人物の変容をとらえて、クライマックスや主題に関わるような内容でまとめるように変化していきます。

I　物語を読む活動　35

I 物語を読む活動

逆思考で読む

因果関係をさかのぼりながら、論理的に読む

　物語を、後ろから前へさかのぼって読む読み方を「逆思考の読み」といいます。結果を明らかにしたうえで、その原因は何だったのか、因果関係をさかのぼりながら論理的に思考していく読み解き方です。

　「因果関係を読み解く力」「伏線をとらえる力」「中心人物の変容や作品の全体構造、主題などをとらえる力」を育てることができます。

「国語授業を変える『用語』」へのリンク

◆中心人物・対人物…p.58　◆変容…p.68　◆基本構成…p.74
◆伏線…p.78　◆主題…p.88

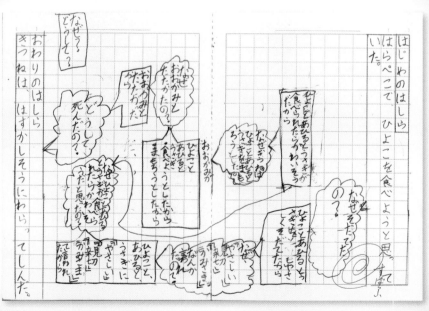

▲「逆思考の読み」を行った子どものノート

手順

手順1 ノートを見開きにして、右ページのはじめ(右端)に「始めの柱」を書き、左ページの最後(左端)に「終わりの柱」を書く。

「始めの柱」には、中心人物がどのような心境、状態かを入れ、「終わりの柱」には中心人物の変容した結果を書く。

手順2 「終わりの柱」から「なぜ?」「どうして?」の問いをつくる。

問いは2つ、3つ出てきてもよい。

手順3 つくった問いに対する答えを書く。

なぜそうなったのかという因果関係を読んでいく。

手順4 さらに、出てきた答えに対する問いをつくり、問い→答え→問い→答えを「始めの柱」にたどり着くまで繰り返す。

自問自答しながら「始めの柱」に行き着くまで因果関係を読み解いていく。

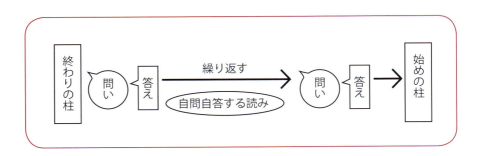

実践実例

「世界でいちばんやかましい音」を、逆思考の読みで読む

「世界でいちばんやかましい音」ベンジャミン・エルキン作　松岡享子訳
学校図書『小学校国語』平成26年度　4年下

　この教材は、中心人物である王子の変容と、町の変容とが二重構造となって描かれ、題名と正反対の結末、始めと終わりの逆転がおもしろい作品です。

　まず最初に、題名からあらすじを想像させ、「世界でいちばんやかましい音」とはどんな音か、イメージを広げさせます。

　次に、全文を読み、一文（○○が△△によって□□する話）にまとめます。

> ギャオギャオ王子が静けさと平和を知って喜んだ話

> 世界でいちばんやかましい音を聞きたがっていた王子が、生まれてはじめて自然の音を聞いたことによって、静けさと落ち着きを知り気に入った話

> ガヤガヤの都が世界でいちばんやかましい町から世界でいちばん静かな町へと変わった話

　そして、この物語のおもしろさを、変化や展開のおもしろさ、設定や構成のおもしろさ、表現のおもしろさに分類し「この物語のおもしろさの秘密をさぐろう」という問いをつくり、追求していきます。

　そのあと、逆思考の読みを手がかりにしながら、中心人物の変容を明らかにし、物語を貫いている作者の意図に迫っていきます。

学習活動
「逆思考の読み」の進め方

①「始めの柱」「終わりの柱」を書く　手順1

　まず、ノートを見開きにして、右ページのはじめ（右端）に「始めの柱」、左ページの最後（左端）に「終わりの柱」を書きます。

　「始めの柱」は、最初の立て札の言葉「これよりガヤガヤの都　世界でいちばんやかましい町」、「終わりの柱」は最後の立て札「ようこそ、ガヤガヤの都へ　世界でいちばん静かな町」です。

　黒板にも同じように右端と左端に短冊を貼ります。逆思考の読みの内容が書ききれなくなったら短冊を動かしてスペースを調整することもできるので、マグネット式の短冊を利用するのがよいでしょう。

②「終わりの柱」から問いを書く　手順2

　次に、「終わりの柱」から問いをつくり、「なぜ、こんな立て札が立ったの？」と問います。問いは丸い吹き出しの中に書いていくことにします。

③問いに対する答えを書く　手順3

　その問いに対する答えを子どもたちは探していきます。そして、「町の人々が、自分たちの町が世界でいちばん静かで平和な町だということをじまんするようになったから」という答えを出します。答えは四角い吹き出しにして板書します。

④問いと答えを繰り返す　手順4

　それを受け、次に「どうして世界でいちばん静かな町になったの？」と問います。「もう町がやかましくなくなったから」「王子様が変わっ

たから」と子どもたちは答えます。

　こんなふうに子どもたちの自問自答が続き、このあとも「なぜ？」「どうして？」と問い、その問いに答えるということを繰り返していきます。

> 終わりの柱
>
> 「ようこそ、ガヤガヤの都へ　世界でいちばん静かな町」
> ↓
> （なぜ、こんな立て札が立ったの？）
> ↓
> 「町の人々が、自分たちの町が世界でいちばん静かで平和な町だということをじまんするようになったから」
> ↓
> （どうして世界でいちばん静かな町になったの？）
> ↓
> 「世界中の人が世界でいちばんやかましい音を聞くために耳を凝らしたから」
> ↓
> （どうして誰も声を出さなかったの？）
> （王子が変わったのはなぜ？）
> ↓
> 「静けさや落ち着きを気に入ったから」
> ↓
> （どうして気に入ったの？）
> ↓
> 「生まれてはじめて静けさと落ち着きを知ったから」
> 「生まれてはじめて自然の音を聞いたから」
> ↓
> （なぜ自然の音が聞けたの？）
> ↓
> 「ガヤガヤの町が初めてしーんと静まりかえったから」
> ↓
> （どうして静まりかえったの？）
> ↓
> 「世界でいちばんやかましい音を聞こうとして、世界中のだれもかれもが声を出さなかったから」
> ↓
> （なぜ耳を凝らして聞きたかったの？）
> （きっかけは？）
> ↓
> 「ある小さな町の一人のおくさんの言ったことがきっかけとなり、それが広まっていったから」
> 「世界中の人が王子様の誕生日の日に一斉に叫ぶことに賛成した」
> ↓
> ⋮

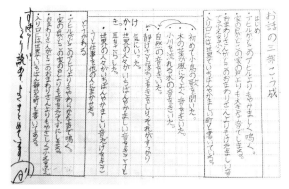

▲「逆思考の読み」によって明らかにした三部構成

　このような問いと答えを繰り返して、最終的に、最初の立て札の言葉「これよりガヤガヤの都　世界でいちばんやかましい町」にたどり着きます。
　このように、「どうして？」「なぜ？」と問うことで、事件と事件のつながりや、事件と人物の変容の因果関係が見えてきます。
　物語の設定や人物、出来事、変容、結末など、物語の中でとらえるべき基本的な要素を読み取り、共通の土俵に上がるための確認読みを行ったあと、その要素同士の因果関係を明らかにするこの「逆思考の読み」を行うことで、物語を論理的に読み解くことができます。この因果関係をさかのぼる「逆思考の読み」は、中心人物の変容につながる伏線、物語全体の構造、そして、この物語をとおして作者が何を最も強く描いたのかということを明らかにすることができるのです。
　このあと、題名に込められた作者の意図を考え、物語のおもしろさをまとめ、終わりの場面に合う歌をつくるという表現に拓いて授業を終えました。

I 物語を読む活動

主題を読む

中心人物の変容とこだわり、対比関係にあるもの、題名が象徴するものをとらえる

　ここでは、「作品の表現をとおして作者の意図を探ること」を、「主題を読むこと」と、とらえます。

　主題を読むためには、作品の中で中心人物等がこだわり続けたものをとらえる力、中心人物の変容をとらえる力、対比関係にあるものや事柄を比較して読む力、題名が象徴するものを想像する力が必要となります。主題を読む学習によってこれらの力が育つことになります。

「国語授業を変える『用語』」へのリンク

◆中心人物・対人物…p.58　◆変容…p.68　◆題名（物語）…p.86　◆主題…p.88

▲「やまなし」の主題をまとめた子どものノート

手順

手順1　作品全体を3つに分ける。

「はじめ」「中」「終わり」の3つに分けます。多くの場合、次のように分けられる。
　「はじめ」…中心人物のはじめの状態・様子
　「中」…中心人物が変容するきっかけとなる事件・出来事
　「終わり」…中心人物の終わりの状態・様子

手順2　繰り返し出てくる事柄や言葉から、人物がこだわっているものをとらえる。

繰り返し出てくる事柄や言葉に着目して、中心人物の変容をとらえる。そこから中心人物がこだわり続けているもの、こだわり始めたものをとらえる。
　〈例〉「死」「成長」「愛情」「プライド」など

手順3　題名が象徴するものを想像する。

中心人物の変容や中心人物がこだわり続けているもの、こだわり始めたものから、象徴するものを想像する。また、対比構造など、作品の特徴から題名が象徴するものを想像する。
　〈例〉「全うされた死」「思いやりのある温かさ」など

手順4　主題をまとめる。

中心人物がこだわり続けたものやこだわり始めたものに、それなりの価値を付加する。

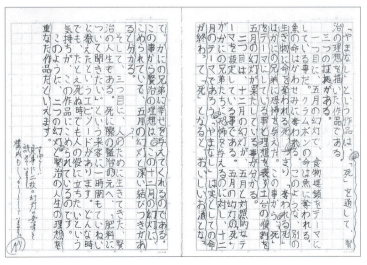

▲「やまなし」の主題をまとめた子どものノート

実践実例

「やまなし」で、主題のまとめ方を習得する

「やまなし」宮沢賢治　光村図書　『国語』　平成26年度　6年

学習活動1
読みの共通の土俵をつくる 手順1

右のような観点で作品を共通理解しました。

板書の内容に加えて、作品の額縁構造から、「はじめ」「中」「終わり」を次のようにとらえました。

はじめ	小さな谷川の底を写した、二枚の青い幻灯です。
中	五月 / 十二月
終わり	私の幻灯は、これでおしまいです。

学習活動2
「私の幻灯」とは何かを考える 手順2

読みの課題を、次のように設定しました。

> 「私の幻灯」とは、どのような幻燈なのだろう?

額縁構造の終わりの一文は、「二枚の青い幻灯は、これでおしまいであります」となっていても構わないはずなのに、わざわざ、「私の幻灯」と表記するには意味があるはずだと気づかせることが大切です。

「私」とは誰かというと、作者宮沢賢治です。ということは、「私の幻灯」とは、「作者賢治が伝えたい幻灯」となります。「賢治は、この作品を通して何を伝えたかったのか」を考える学習になりました。作品の論理をとらえた課題をつくることで、ひとりでに作品の主題を読む活動が始まります。

ある子どもは「私の幻灯」を、次のように理解しました。

> ぼくは、五月から十二月の間に成長する兄さんのかにと弟のかにのことをいちばん伝えたかったと思いました。
> 　理由の一つ目は、五月と十二月に、泡やクラムボンや、かわせみややまなしのことをおとうさんのかにから教えてもらったりして、どんどん成長しているし、十二月のはじめに、「子どもらはもうよほど大きくなり」と書いてあって、成長を表現しているからです。二つ目は、最後のほうも、「待て待て。～おいで」のように、まだ成長は続くように書かれているから、成長についてのことをいちばん伝えたいと思いました。

この子どもは、「私の」が指すものは、かにの兄弟の成長だととらえています。確かに、物語の表面はかにの兄弟の成長が書かれています。しかし、物語には読みの二面性があります。裏面に何が書かれているかを読むために、次の活動を組みました。

学習活動3
お話の図を書いて、五月と十二月を比較し、こだわりを読む 手順3

子どもたちは、五月と十二月が対比構造になっていることに気づいています。そこで、対比構造からどのような物語の裏面の読みができるのか考えることにしました。お話の図の対比から子どもたちが気づいた〈共通していること〉は次の通りです。

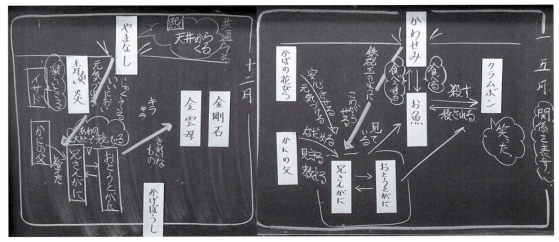
▲「やまなし」の五月と十二月を比較するお話の図

・上から落ちてくる。
・かにの兄弟がこわがる。
・落ちてきたものがかにの兄弟に影響を与える。
・かにの兄弟は知らない、父が教える。
・元気づけるものがある。

　では、五月と十二月を比較しながら作者が「こだわっているもの」は何でしょうか。それは、「死」です。五月は、「殺される」「死んだ」という表現からクラムボンは魚に食べられたと読めます。その魚は、かわせみに食べられます。このような食物連鎖が描かれているのが五月です。カニの兄弟は、この様子を「こわい」と感じます。
　十二月は、やまなしがカワセミと同じ侵入者として描かれていますが、「いいにおい」「おいしいお酒」というように「幸せ」を与えています。このやまなしも「死」によって川に落ちてきたことに気づくことが大切です。同じ「死」でも、五月は「奪われる命」を表し、十二月は「全うした命」を表しています。

学習活動４

題名「やまなし」の象徴するものを想像し、主題をまとめる 手順４

　最後に「どうして題名は『やまなし』なんだろう？」という問いを投げかけます。
　五月と十二月の比較を通して、子どもから出てきた問いです。「死」というこだわりに気づいた子どもたちは、作者賢治の意図を想像して、その問いに答えました。
　下は、ある子どもがまとめた「やまなし」の主題です。作品のこだわりに価値を付加してまとめていることがわかります。

> 　私が思う、作者が伝えたかったことは、死はこわい面もあれば、美しい死もあるということだと思います。やまなしはちゃんと子どもを残して死んだと思うから、これは気持ちのいい死、思う存分生きてがんばったのだと思う。しかし、魚のほうは、殺されたからくやしい、もっと生きたかったというところがある。なので、「くやしい死をするな、思う存分生きろ」ということも言いたかったのではないかと思います。

Ⅰ　物語を読む活動

白石範孝の国語コラム
「考える」方法

　「方法」というと、何か具体的に目に見える活動や行動についてのことばかりがイメージされやすいものです。

　しかし、目には見えにくいけれど、「方法」がとても大切なものがあります。それは「考える」方法です。

　私たちは子どもに対し、何気なく
「……について考えてみよう」
「もう一度考えてごらん」
などと言っています。

　しかし、よくよく思い返してみれば、「考える方法」を子どもたちに指導したことがあったでしょうか。

　なんとなく頭の中で思いをめぐらせることが、「考える」ことのように思われているように感じますが、それは、論理的な思考には結びつきません。ただ思いつきを漫然と期待しているにすぎないのです。

　下に挙げたのは、工藤直子さんの詩集に掲載された作品です。「はてな?」～「わかった!」までの言葉は、物事を考えていく際の重要な言葉です。人の話を聞くとき、あるいは、物事を考えるときにこのような言葉を最初に置くと、何をどのように考えればいいのかが明確になります。私は、この詩を教室に掲示し、話し合いや思考の場においてこれらの言葉を使って思考させるようにしています。

　数年前に「PISA型読解力」が話題になりましたが、それは、単に読み取ることができる力というわけではなく、それについて自分の考えをもち、その考えを説明できることを求めています。もちろん、「自分の考え」といっても好き勝手に感想をもてばいいというわけではなく、正確に読み取ったことに対して、きちんと筋道をつけて組み立てた考えでなければなりません。

　こういった力の重要性は、今後さらに高まっていくことでしょう。その力を子どもたちにつけさせていくためには、いままであまり取り上げられることのなかった、「考える方法」についても、具体的に指導していくことが必要なのです。

かんがえごと　　こねずみしゅん

こねずみは みんな
どんぐりを かじりながら
かんがえごとをする

ひとつかじって…はてな?
ふたつかじって…なるほど
みっつかじって…そうか
よっつかじって…でもね
いつつかじって…ええと
むっつかじって…しかし
ななつかじって…たとえばさ
やっつかじって…つまり
ここのつかじって…やっぱり
とうでとうとう…わかった!

きょうは 10こ かじったので
10こぶん かんがえごとが できた

（工藤直子『のはらうた II』童話屋）

II 説明文を読む活動

表にまとめる……46
説明文を書き換える・書き加える……50
文章構成図をつくる……54
要旨・要約をまとめる……58

Ⅱ 説明文を読む活動

表にまとめる

取り上げる事柄と、整理していく観点を見つけることが必要になる

　文章に書かれている内容を、決めた観点について整理することです。表にまとめるためには、文章全体をとおして取り上げられる事柄と、整理していく観点の二つを見つけることが必要となります。

　したがって、この活動を行うことにより、文章の中の大事な文や語句を書き抜く力、違いや変化を読み取り、表現する力、比較する力を育てることができます。

「国語授業を変える『用語』」へのリンク

◆題名（説明文）…p.22　◆形式段落、段落の主語…p.24　◆問いと答え…p.36

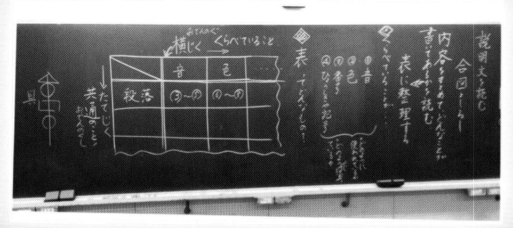

▲説明文に書かれていることを表にまとめる方法の指導

手順

手順1　読みの課題を設定する。
問いの文・題名から読みの課題をつかむ。

手順2　表にまとめる。
問いの文を中心に表をつくる観点を決める。
低学年では二元表という表自体の形式についての知識をもたせる。
※二元表…横軸の要素と縦軸の要素がともに複数ある表（左ページの写真のような表）。

手順3　表を読む・広げる。
別の具体例を調べるときのヒントにする。
表を縦方向、横方向に見て比べ、気づいたことをまとめる。

手順4　表をもとにして表現する。
筆者が比較する例をもとに説明したことから、何が言いたいのかまとめる。

表にまとめることで

　表にまとめることは、観点を決めて比較することで、そのものの特徴や本質を明らかにしようとする方法です。

　まず、表を書くときは、比較する対象を取り上げます。そして、その対象について、いくつかの観点を取り上げます。そのときに、叙述から取り出せる観点を定めなくてはなりません。文章の叙述から、必要な語句を抜き出す力が必要です。

表中の空欄に目を向ける・表を考察する

　段落ごとに表をまとめていくと、空欄となってうまらない部分が出てきます。段落によって、具体的な事例が書かれているところとそうでないところがあり、中学年では、「具体と抽象」について視覚的にとらえられて、段落ごとのはたらきをとらえることとつながる活動になります。

　表の横軸、縦軸ごとにまとめます。すると、まとめの段落との関係が明らかになります。

　また、事例の取り上げ方には軽重があり、同等に書かれていないことがわかります。そこで、記述がない理由を考えたり、叙述を補ったりすることができます。それが、表現する言語活動にもつながります。

実践実例

「食べるのは、どこ」を表にまとめる

「食べるのはどこ」編集委員会　学校図書『小学校こくご』平成27年度　2年下

学習活動1
問いの文をとらえる 手順1

　文末に気をつけて、問いの文を探します。すると、❸段落で見つけることができます。「わたしたちは、やさいのどこを食べるのでしょうか。」

　では、❶・❷段落の役割は何でしょう。問いの前の部分は、話題の紹介やそれに関しての説明です。1年生の「なぞなぞタイプ」をのぞけば、文章のはじめから「問い」の文が書かれることは、あまりありません。

　❶段落は、「やさいは、〜」
　❷段落は、「しょくぶつは、〜」

　この文章も、❶・❷段落の内容から、題名に情報を付け足してみました。（右図）

（図：食べるのは、どこ／やさい　人が食べるためにそだてられたもの／しょくぶつ　地面の上のくき・は・花・み？　地面の下にのびたね・くき？）

　第❶段落で説明している「やさい」という言葉は、「人が食べるために、はたけでそだてられたしょくぶつ」の総称で、具体的な例となる野菜をくくる言葉です。文章のはじめ・終わりの部分には、具体例をくくる抽象的な言葉が出てくるものです。

　この教材は、事例の列挙で終わっています。ですから、最終的に表ができ上がったあとに、一つひとつの野菜の名前と、総称としての「やさい」という言葉の関係を確認します。さらに、第❸段落の「やさいによって、食べる場しょがちがうのです」というまとめとの関連をおさえます。

学習活動2
内容を整理する表をつくる 手順2〜4

　問いの文をヒントに表をつくるための観点を考えます。言語活動としては、ここが重要です。

　「どこを食べる」に対応して、「食べる場しょ」という言葉が❸段落にあります。ですから、「食べる場しょ」と「やさい」を各段落ごとに調べます。

　それは、❹段落から後ろに書いてあります。次ページの表は、具体例の整理のためにつくったので、❶〜❸段落は省いています。

　各段落では、食べる場所を取り上げ、1つの段落に2〜3文ずつで説明しています。例えば、❹段落では、次のように説明しています。

> ＜❹段落の1文目は、問いの答え＞
> ・地上にのびたくきを食べるやさいには、アスパラガスがあります。
> ＜❹段落の2・3文目は、付け足しの説明＞
> ・アスパラガスは、大きくなりすぎる前のわかいくきを食べます。（食べる部分について2文目）
> ・大きくなりすぎると、くきがかたくなって、食べられなくなるからです。（理由 -3文目）

　表を書き込むときには、具体例となる「やさい」の段から挙げました。それから、食べる部分について整理しました。

　表【A】の部分が完成すれば、❸段落の問いには答えられますが、単純にその問いに答えるだけなら、わざわざ表にまとめる必要性があまりあ

- 説明の順序はどうなっているのかな。
- どうして、「らっかせい」だけ4つの段落になっているのかな。
- それぞれの段落には、答えの食べる部分とやさいの名前が書いてある。それだけではなく、説明が付け足されている。

　表【B】の付け足しの段を扱うときには、挿絵の部分を拡大して示し、野菜の名前当てをし、答えの根拠となる叙述を本文から探すようにしました。

　表全体を見て、説明している順序を考えたり、ほかの野菜を見つけたり表を広げる学習をしました。

　「らっかせい」と同じようなでき方をする野菜は見つけることができませんでした。子どもたちは、4段落も使って説明するくらい特別な実のでき方なのだと納得していました。

段らく	食べる場しょ	やさい	つけたしのせつめい【B】	ほかのやさい	まとまり
④	地上にのびたくき	アスパラガス	わかいくき。		地面の上
⑤	は	キャベツ	葉を丸くまきながら育つ。		地面の上
⑥	花	ブロッコリー	花のつぼみがあつまって、ひとかたまり。		地面の上
⑦	み	なす	花のつけねがふくらんでみになる。	ミニトマト	地面の上
⑧	地面の下のね	にんじん	ねがどんどん太くなったもの。		地面の下
⑨	地面の下にのびたくき	じゃがいも	くきの一部にえいようがたまってふくらんだもの。		地面の下
⑩⑪⑫⑬	さやの中のたね	らっかせい	花のつけねは、土のなかでさやになる。		地面の下
まとめ	（気づいたことを書く）				

りません。表【B】の項目についてまとめるところで、「表にまとめる」学習が役立ちます。

　表【A】を書きながら気づいたことも、表の左はしに書きます。
- 例は、一つずつ書かれている。（ほかにもないかな）

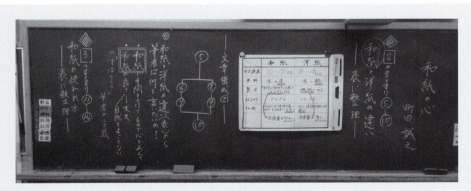

表に整理することで全体の構成をつかむ　　～「和紙の心」を例に～

　表にまとめる活動は、まとめること自体が目的の場合と、表にまとめることを手段として全体の構成をつかむことなどを目的とする場合とがあります。中学年以上では後者のケースも増えてきます。

　例えば「和紙の心」では、［中］の部分を表に整理することで、構成をつかみやすくなり、文章構成図が明らかになります。

　また、表にまとめて和紙と洋紙を比較することでそれぞれの違いが見えてきます。ここから「筆者は何を伝えようとしたのか」を考えることにつながります。このことは筆者の主張を読み取ることにつながります。

「和紙の心」町田誠之　学校図書『小学校こくご』平成26年度　5年上

Ⅱ 説明文を読む活動

説明文を書き換える・書き加える

自分の読みを表現することで、主張や構成をとらえ、まとめる力が育つ

　作品の中で主張やまとめが明確に書かれていないとき、筆者の主張やまとめの段落を書き直す活動で、自分の読みを表現する活動の1つです。

　主張をとらえる力やまとめる力、文章の構成をとらえる力を育てます。

　ここでは説明文について述べますが、物語の学習でも、「続き話を書く」「視点を変えて書く」などの活動があります。

「国語授業を変える『用語』」へのリンク
◆形式段落、段落の主語…p.24　◆序論・本論・結論（はじめ・なか・おわり）…p.32

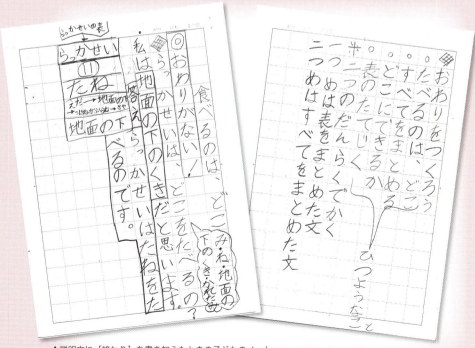

▲説明文に［終わり］を書き加えたときの子どものノート

手 順

手順1　具体をとらえ、文章を大きく3つのまとまりに分けてみる。

文章に表れる具体にはどんなものがあるかを探す。具体が書かれている段落と具体が書かれていない段落があることに気づく。

手順2　具体を表にまとめる。

具体は、説明文の中で比べているものである。表の横軸に比べている具体を書き、縦軸には表をまとめる過程で明確になった具体を比べるための着眼点を書く。

手順3　文章全体の構成を把握し、書き換えたり、書き加えたりする。

「はじめ・中・終わり」の三部構成にあてはめようとすると、文章の「終わり」がない構成になっていたり、まとめが具体の全てを受け止めていない内容になっていたりすることがある。そこに気づくことで、「終わり」を書き加えたり、まとめを書き換えたりする。書き加える場合は、「このように」などの接続詞から書く。

手順4　友達の表現を読み比べることで、作品の内容を読み直す。

友達の表現の違いから、文章の「はじめ」「中」の関係や、「中」の具体で比較されているもの、比較する着眼点を読み直し、適していると思われる表現を選ぶ。

手順5　再度、書き加え・書き換える。

友達の表現を生かしながら、もういちど自分なりの表現にしてまとめる。

> 実践実例

「食べるのはどこ」で、［終わり］の部分を書いてみる

「食べるのは、どこ」編集委員会　学校図書『小学校こくご』平成27年度　2年下

作品の不備を見つけることが目的ではない

　書き換える・書き加える活動を行うときに、注意したい点があります。それは、「この文章には、『終わり』がないからよくないですね」というように、作品の不備を強調することをしないという点です。

　筆者には、筆者の意図があり、文章を構成しています。そのことを尊重する態度が大切です。「終わり」のない作品に、「終わり」を書き加えることで、むしろバランスの悪い説明文になることのほうが多いのです。書き換え・書き加えを行うことで、子どもがそのことに気づけばすばらしいことです。

　書き換え・書き加えの目的は、子どもに「作品のつながりをとらえて読む力」を身につけることにあります。

三部構成を軸に考える

　説明文の構成の基本は、三部構成（はじめ・中・終わり）です。子どもがそのことを知っていることが、書き換え・書き加えの活動の前提になります。

　実践事例でお伝えする「食べるのは、どこ」は、見事に「終わり」がありません。子どもがそのことに気づけば、「『終わり』をつくろう」という言語活動が必然性をもって生まれることになります。

　ここからは、前述した書き換え・書き加えの活動の授業の実際を紹介します。『食べるのは、どこ』の「事例の順序を読む」単元です。

学習活動1
具体を書き抜き、3つに分ける 手順1

　まず、「出てくる野菜は何？」と発問し、出てくる野菜に○印を付ける活動を行いました。

〈出てくる野菜〉
　❹段落…アスパラガス
　❺段落…キャベツ
　❻段落…ブロッコリー
　❼段落…なす
　❽段落…にんじん
　❾段落…じゃがいも
　❿⓫⓬⓭段落…落花生

　ここで、❹〜⓭段落は、「野菜が出てくる仲間」として、まとめられることをおさえます。すると、全体が大きく2つに分かれることが理解できます。［はじめ］［中］［終わり］にあてはめると、［終わり］がないのです。そこに気づくことで、「［終わり］をつくろう」という学習課題を明確にしました。

学習活動2
問いの文から細部を読み表にまとめる 手順2

　まずは、「問いの文はある？」と発問しました。子どもたちは、❸段落の「わたしたちは、やさいのどこを食べるのでしょうか」を抜き出しま

す。そこで、答えを探す活動が始まりました。そこから、［中］に書かれている内容を表にまとめます。（「表にまとめる活動」p48〜49参照）

学習活動3
「終わり」（まとめ）の段落をつくる 手順3・4

　まずは、「このように」から書き始めることだけを指示して、自由にまとめの段落をつくらせました。その段落を読み比べることで、どんな内容を書けばよいのかが見えるようにしたのです。

> A：このように、わたしたちは、やさいのいろいろなところを食べているのです。

> B：このように、やさいはそれぞれ食べる場しょがちがうのです。そして、やさいには地面の上にみがなるものと、地面の下にみがなるものとに分かれているのです。

〈子どもの反応〉
・AもBも「わたしたちは、やさいのどこを食べるのでしょうか」の問いに答えている。
・Aは、❸段落の「やさいによって食べる場しょがちがうのです」を繰り返しているだけだから、もっと付け加えた方がいい。
・Bは、「みがなる」と書いてあるけれど、食べるのは実だけではない。
・Bは、地面の上と下とに分けている。表の項目が書かれているからいい。
・落花生は、地面で咲いてから地面の下でたねになるので、どちらにも入らない。
・落花生が特別でおもしろいってことかな。
・落花生だけ、4段落も書いているものね。
〈子どもたちのまとめ〉
・食べる部分を書く。
・地面の上と下との区別を書く。
・落花生がおもしろいことを書く。

学習活動4
再度、［終わり］（まとめ）の段落をつくる 手順5

　子どもがつくったまとめの例です。

> 　このように、わたしたちは、やさいのくき、は、花、み、ね、たねを食べます。食べる部分は、地面の上にあったり下にあったりします。落花生のように、地面の上で花をさかせて、地面の下でたねになるおもしろいやさいもあります。

〈物語〉における書き換えの活動
　物語では、「視点」という読みの観点があります。視点は、三人称、一人称などといわれます。三人称は、語り手が客観的な立場から人物の様子や心情を語ります。三人称限定視点という書きぶりは、語り手が中心人物のみに寄り添って語るので、中心人物以外の人物の心情は語りません。また、一人称は中心人物そのものが語り手になるので、中心人物の心情しか語りません。そのような作品で、視点を換えて書き換える活動を組むことができます。「視点」という書きぶりを理解したり、作者の伝えたいことや表現の工夫に気づくことができます。

Ⅱ 説明文を読む活動

文章構成図をつくる

段落同士がどのようなつながりになっているか、全体の構成はどのようになっているかをつかむ

　形式段落や意味段落の接続関係のことを段落相互の関係といい、意味段落の接続関係をもとに、文章全体の構成を関係図として表現したものを文章構成図といいます。文章構成図をかくためには、意味段落の役割と関係（具体と抽象）を把握しておくことが大切です。

　文章構成図をつくることは、文章全体の構造をとらえる力、説明文の具体と抽象の論理を読む力、筆者の意図である要旨をとらえる力を育てます。

「国語授業を変える『用語』」へのリンク

◆形式段落、段落の主語…p.24　◆意味段落、主語連鎖…p.26　◆序論・本論・結論（はじめ・なか・おわり）…p.32　◆段落相互の関係、文章構成図…p.38

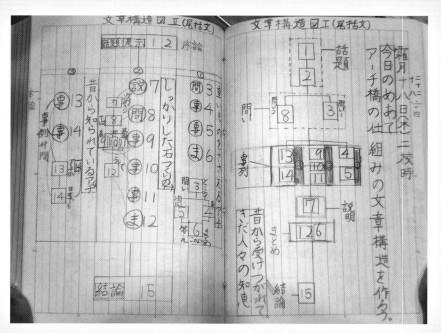

▲子どもがノートにかいた文章構成図

手順

手順1　形式段落に番号を付け、段落の主語を特定する。

形式段落が、何について書かれているのか考えます。例えば、各文の動詞に着目し、その主語は何かを考える。同じ言葉が出てくれば、それが段落の主語になる。そうでない場合は、隠れた主語を探して、各主語の重要性を比べて特定する。

手順2　まとまり（意味段落）がいくつあるかを話し合う。

まず、問いの文を探します。大きな問いと小さな問いがあるので、問いの文をもとに、その問いが貫いている範囲を特定する。その際、隠された問いがある場合があるので、問いの文をつくることで、意味段落を分けることができる。

手順3　意味段落ごとに抽象部分をもとに、小さな題をつける。

意味段落ごとに、小さな題名をつけておくと、便利。

手順4　小題を手がかりに意味段落ごとの接続関係を見取り図で表す。

その小題をもとに、意味段落ごとの接続関係を見取り図にします。幾つの意味段落で構成され、どうつながっているのか、文章全体のレイアウト図で表す。

手順5　意味段落ごとに、それを構成する形式段落の接続関係を読み取る。

それぞれの意味段落を構成する形式段落がどのような構成になっているのか、その接続関係を話し合う。意味段落ごとに構成図を意味段落カードに書いておく。

手順6　序論・本論・結論の形式をもとに文章構成図をかく。

意味段落カードを黒板に貼り、見取り図と対応する。それをもとにして、文章構成図をかくようにする。その際、序論・本論・結論の三部構成を基本として、文章構成図をかくようにする。双括型なのか、尾括型なのか、頭括型なのか、文章のタイプをおさえておくと便利。

実践実例

「あめんぼはにん者か」で、文章構成図のつくり方 を習得する

「あめんぼはにん者か」日高敏隆　学校図書『小学校国語』平成26年度　4年上

学習活動1
並び替えた写真に対応する段落の仲間分け（意味段落）をする 手順1

　文章に添えられた写真を大きくプリントし、順序を入れかえて黒板に掲示。「並び替えた写真は、どの形式段落があてはまるのかな？」と、あてはまる段落を考えさせる発問で、文章のまとまりを理解させます。あてはまらない段落は、既習の説明文「花を見つける手がかり」の段落構成をヒントにして、その役割を理解させるようにします。また、板書で段落構成をまとめ、意味段落という用語を理解させます。

学習活動2
問いの文で、意味段落を読み分ける 手順2

「問いの文を並び替えて、意味段落ごとのつながりを読み取りましょう。」

　問いの文を並び替えることで、意味段落の役割やつながりを読むことをねらっています。

　そのために、5つの問いの文をあらかじめ提示して、並び替える動機づけとしての発問をします。この教材文には、2つの問いの文があります。

　問いの文を並び替えたり読み分けたりすることで、意味段落のつながりを読み取ることができるようになります。

　問いの文を並び替えるためには、問いの文の関係を読む必要があります。そのために、「中心問題は、どの問いなのか？」と問うことで、問いの文には、上位の問いの文と下位の問いの文があることに気づかせることができます。

学習活動3
並び替えた問いの文をもとに、❷段落の問いの文を読み分け、意味段落ごとの接続関係を読み取る 手順2

「どうして、あんなにうまく水面にうかんだり、走ったりできるのでしょうか。」

　問いの文には2つの問いが隠されています
「なぜ水面にうかぶことができるか」と、「なぜ走ったりできるか」です。この2つの問いの文を活用して、大きなまとまりを読むようにします。「うかぶ」と「すすむ」に当てはまる段落を考えさせる発問で、文章のまとまりを理解させるようにします。

①挿絵の写真を並び替える。
↓
②並び替えた挿絵の写真に対応する段落の仲間分け（意味段落）をする。
↓
③問いの文で意味段落を読み分ける。
↓
④❷段落の問いの文で読み分け、意味段落の連接関係を読み取る。
↓
⑤意味段落ごとに小題をつけて、文章全体の見取り図をかく。
↓
⑥意味段落ごとに形式段落の接続関係を検討する。
↓
⑦見取り図と意味段落ごとの接続図とをもとに、文章構成図を完成する。

学習活動 4
意味段落ごとに小題をつけて、写真の関係から文章全体の見取り図を書く 手順 3・4

意味段落をおさえたら、意味段落ごとに小題をつけておきます。

＜予想される小題＞
・話題提示
・中心問題
・不思議なかげ
・表面張力のしくみ
・にん者のように走るひみつ
・食べ物と食べ方
・うかぶことができない水
・まとめと筆者の考え

写真関係をもとにして、レイアウトをかいていきます。

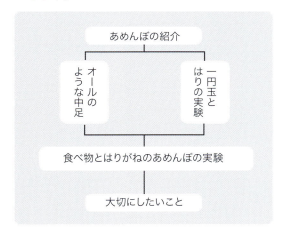

段落番号は書かずに、小題を入れながら文章全体の見取り図を完成させます。

横線は並列関係を示し、縦棒は説明順の関係を示しています。上から順番に読者は追っていきますが、筆者は下から上に思考していきます。ですから、結論・主張をおさえ、その根拠となる意味段落を探し、根拠となった理由を読み取るようにします。つまり、逆思考で見取り図を完成させていきます。

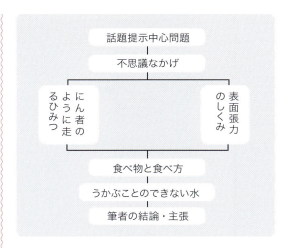

学習活動 5
意味段落ごとに形式段落の接続関係を検討する 手順 5

形式段落ごとに、その中心文や中心語句をとらえ、その接続関係を図に表すようにします。特に、問いと答えの関係や事例と結論との関係を表すことができるようにします。

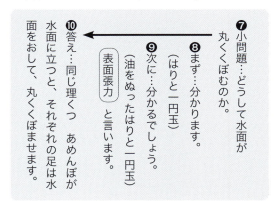

学習活動 6
見取り図と意味段落ごとの接続図とをもとに、文章構成図を完成する 手順 6

意味段落ごとの連接関係を示した見取り図をもとに、形式段落の番号を書き込んでいきます。その際、意味段落ごとの接続図をもとに、形式段落の連接関係を書き表すようにして、文章構成図を完成します。

Ⅱ 説明文を読む活動

要旨・要約をまとめる

まとめる具体的な方法を知ることが
文章をまるごととらえる力につながる

要旨・要約とは単に文章を短くしたものではありません。

要旨・要約をまとめることを通じ、「話題」「具体(事例)」「主張」が何かを読み、文章をまるごととらえる力を育てます。また、その文章で述べられている「具体」は何か、そこから「抽象(主張)」が導き出されているかを読み取る力を育てます。

「国語授業を変える『用語』」へのリンク

◆要約…p.30　◆具体・抽象…p.40　◆要旨(主張)…p.42

▲子どもが書いた「生き物はつながりの中に」の要約文

手 順

手順1　要旨・要約とは何かを知る。

手順2　文章全体の構成をとらえる。

> 「話題」は何段落？
> 「事例」の結果は何段落？
> 「意味段落」はどう分かれる？

などを検討し、文章構成図をまとめ、文章全体の構成をつかむ。

手順3　要約文を書く。

> ●書き出し
>   「筆者は……」という書き出しで書く。
> ●接続詞
>   「このことから、……」という接続詞を使う。
> ●字数
>   200～300字でまとめる。

このような制限を加えることで、子どもが次の3点をとらえられているかを把握することができる。

・文章全体を包括する「問いと答え」の関係
・筆者が述べようとする「要旨」
・具体と抽象の関係

「要旨・要約をまとめる活動」と、
「リーフレットづくり」や「紹介文を書く」との関係
上記の手順が要約の基本となります。このような方法で要約することが、「リーフレット」にもっと短くまとめたり、「紹介文」としてもっと長くまとめたりすることにもつながります。

実践実例

「生き物はつながりの中に」で要旨をふまえて、要約文を書く

「生き物はつながりの中に」中村桂子　光村図書『国語』平成26年度　6年

学習活動1
題名から問いをつくり、子どものズレを引き出す

　まずは、話題と比較しているものをおさえます。話題は、「生き物の特徴をさぐってみましょう」です。比較しているのは、「本物のイヌとロボットのイヌ」です。

　読む必然性を高めるためには、自分と友達とのあいだにズレを生じさせることが有効です。そこで、次のように発問しました。

> 生き物の特徴は、どんな特徴が、いくつ書かれていますか？

　すると、「3つ書かれている」と答える子と、「4つ書かれている」と答える子が出てきました。

　「3つ書かれている」と答えた子は次のようにとらえました。

> ❸段落「外から取り入れたものが自分の一部になる。」
> ❹段落「変化・成長しながら、一つの個体として時間をこえてつながっている。」
> ❺段落「過去や未来の生き物たちとつながっている。」

　「4つ書かれている」と答えた子は、それに次の一文を加えていました。

> ❷段落「内と外とで物質のやりとりをしている。」

学習活動2
問いと答えの関係から文章構成をとらえる

手順2

　「書かれている生き物の特徴は『3つ』か『4つ』か」という課題を解決するために、文章全体を、[はじめ][中][終わり]の3つに分ける活動に取り組みました。

　すると、次のような3つのパターンが出てきました。

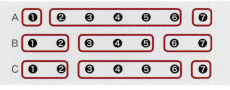

　こういうときは、「問いの文」に着目するとはっきりすることがあると伝え、問いの文がいくつあるかを数えました。

　問いの文は、2つあります。❶段落の『ロボットのイヌは本物のイヌとはちがいます。どこがちがうのでしょう』と、❷段落の『しかし、本物のイヌとロボットのイヌは本当に同じでしょうか』の2つです。

　まずは、小さな問いである❷段落の問いの答えが何段落にあるかを考えました。答えは、❸段落の「外から取り入れたものが自分の一部になるのが生き物なのです。ロボットの場合、電池がイヌの体に変わることは決してありません。」です。

　ここで、次の原則を教えました。

> 〈原則1〉
> 『問い』と『答え』が続いている段落は、つなげて考える。

この原則から考えて、❷段落と❸段落は分けられないことをおさえました。ここで、大切なのは、〈原則〉だけを理由にして押し通してしまわないことです。この場合は、❷段落と❸段落の違いがどこにあるかを考えることが大切になります。書かれている内容のつながりから、〈原則〉に納得できるようにするのです。
　❷段落は、本物のイヌとロボットのイヌは内と外で物質のやり取りをしていることが同じに見えると書いています。
　❸段落は、自分の一部になるかどうかが本物のイヌとロボットのイヌとの違いであると書いています。
　ここで、❷段落と❸段落をまとめると、「内と外で物質のやり取りとしていることは同じように見えるけれど、外から取り入れたものが自分の一部になるのは生き物だけ」となります。そのようなまとめを通して、「❷段落は、❸段落の生き物の特徴を伝えるためにある」という段落のつながりをおさえました。
　これによって最初の切れ目が❷段落と❸段落の間にはこないことが確かめられました。
　次に、大きな問いである❶段落の問いの答えが何段落にあるかを考えました。子どもからは、「❸❹❺段落」という考えと、「❻段落」という考えが出ました。ここでは、「❻段落は、答えのまとめ。❸❹❺段落のまとめ」という発言を取り上げ、どこからそれがわかるのかを確かめました。❻段落の「このつながりこそが、生き物の生き物らしいところであり、ロボットとの違いです」から、その子の発言が正しいことがわかります。「このつながり」とは、「外の世界とつながり」「一つの個体としてつながり」「長い時間の中での過去の生き物たちとつながり」を指し、それが、❸段落、❹段落、❺段落につながることをおさえました。
　文章の構成が見えてきたところで、もう1つの原則を確認しました。

〈原則2〉
『問い』と『答え』が離れているときは、『問い』と『答え』の間の段落が〈中〉になる。

　『問い』と『答え』の関係でみると、❶段落の答えは❻段落にまとめられているから、
[はじめ]…❶段落
[中]…❷〜❺段落
[終わり]…❻段落
となることは、子どもたちも納得します。[中]はさらに、「❷❸」「❹」「❺」と小さいまとまりに分かれます。

学習活動3
要約文を書くために、具体と抽象の関係をつかむ 手順2

　ここで、問題になるのが、❻段落と❼段落の違いです。最初に3つに分けたときにも、❻段落と❼段落を1つのまとまりと考える子どもと、分けて考える子どもの両方がいました。
　要約文を書くには、ここのおさえが大切になります。それは、❼段落が要旨の段落だからです。そのことに子どもが気づくために、「比較している段落はどこか」に目を向けるようにします。本物のイヌとロボットのイヌを比較しているのは、❶〜❻段落です。❼段落には、比較が書かれていないことに気づくでしょう。❼段落は、「生きていることがすてきに思えてきませんか。そして、自分自身のことが大切であるように、他も大切であるという気持ちになりませんか」という筆者の主張が書かれています。

Ⅱ　説明文を読む活動

具体（本物のイヌとロボットのイヌの比較）　抽象（主張）

このように、「『問い』と『答え』」「比較」に着目して文章構成をとらえることで、上のように、文章全体が大きく2つに分かれることがわかります。

《具体》（❶～❻段落）の各段落は、本物のイヌとロボットのイヌとを比較することが共通しています。

では、《具体》（❶～❻段落）と《抽象》（❼段落）は何が共通しているのでしょうか。それは、題名にもある「つながり」です。この《具体》と《抽象》とに共通していることを読むことが、要約文を書くためには、重要になります。

学習活動4
要旨をふまえて、要約文を書く 手順3

要約文は、次のことを意識して書きます。

要約文は、比較していることから書くと書きやすくなります。例えば、「筆者は、本物のイヌとロボットのイヌを比較することを通して、生き物の特徴をさぐってみようと投げかけている」という書き出しである。その後、具体として、「外の世界とのつながり」「一つの個体としてのつながり」「長い時間の中での過去の生き物たちとのつながり」という3つのつながりが生き物の特徴であると述べます。最後に、「このことから」という接続詞を使って、筆者の主張「自分自身のことが大切であるように、他も大切であるという気持ちにならないか」につなげるのです。

また、逆に、筆者の主張から入り、「そのために」という接続詞を使って、具体を書いていくという書き方もあります。

どちらの書き方を取るかは自由ですが、具体はなるべく書かずに、右のポイントがわかるように書くことが大切です。字数の制限を設けることで、優先順位の高い内容を絞り込もうとする意識がはたらきます。それにより、子どもは、作品の論理を読むことができるのです。

◆要約とは何か
文章全体をまとめること（物語でいう「あらすじ」にあたる）

◆何を書くか
・具体と抽象
・筆者の主張
・比較していること
・三部構成

◆どのように書くか
・主張→事例
・序論、本論、結論
・具体→抽象

◆約束（例）
①200字で書く。
②「筆者は、」で書き出す。
③文中に「このことから」を使う。

▲子どもが書いた要約文

資 料

要旨・要約・要点について

「要旨・要約」については、それぞれが何を表しているのか、その違いがきちんと認識されないまま使われているケースが多いようです。

そこで、同様に区別がわかりにくい「要点」とともに、それぞれの意味と違いを、ここで整理してみましょう。

「要旨・要約・要点」とは何か

まずは、それぞれの用語の定義です。

〈要旨〉
　文章全体の中で筆者が述べようとする考えの中心となるものが「要旨」で、「筆者の主張」とも表現される。
　物語の「主題」にあたるものと言える。

〈要約〉
　文章全体のあらましをまとめることを「要約する」といい、まとめられた文を「要約文」という。
　要約文は段落（意味段落）の要点を、段落相互の関連を考えながらつないだもので、物語の「あらすじ」にあたる。
　要約文は、「要旨」を踏まえていることが必要。

〈要点〉
　形式段落の中で、筆者が述べようとしている主要な内容のことで、形式段落内の重要な文や言葉を短い文にまとめたもの。

「要旨・要約」と「要点」は大きく異なることがわかると思います。「要旨・要約」は文章全体に関わることですが、「要点」は形式段落ごとのものです。

「要旨」と「要約」の違いは、物語の「主題」と「あらすじ」の違いだととらえるとわかりやすいでしょう。

「要旨・要約・要点」の違いを知ることで作品をまるごととらえる授業の大切さがわかる

実は、この「要旨・要約・要点」の違いをしっかりととらえることが、国語の授業の在り方にもつながっています。

これまで多く行われてきた「文章を冒頭から1段落ずつ読み解いていく授業」は、「要点」をひろっていくだけの授業といえます。要点をひろうこともときには必要ですが、それだけでは筆者や作者が何を述べようとしたのかはつかめません。作品全体の要旨をまとめること、つまり、作品をまるごととらえる国語授業が大切であることがわかります。

学習用語の意味を定義しないと指導と理解に食い違いが生じる

ところで、日常生活の中では、これらの言葉が左記の定義とは異なる意味で使われることがあります。例えば「もっと要点をまとめて話をしなさい」などと言いますが、これは「言いたいことをはっきりさせなさい」といった意味でしょうから、「要旨」にあたるといっていいでしょう。

生活の場面ではそういったフレキシブルな使い方も許されますが、国語の学習の中では、このような定義を明確にしておかないと、教師の指示と子どもたちの理解に食い違いが生じてしまいます。学習用語として、こういった用語の定義をしっかりとおさえておく必要があります。

白石範孝の国語コラム
方法が大切なのは学習だけじゃない

　本書では、国語に関係する基本行動についていくつか取り上げていますが、方法を指導しなければならない基本行動は、これだけではありません。日常生活のさまざまな場面で、子どもたちに「方法」を示さなければならないことがたくさんあるのです。

　例えば、本書の「観察文を書く」で取り上げたアサガオの観察。どこの学校でも１年生に入学した早々の時期から取り組まれることと思います。

　私は種の観察することから始めますが、このとき、ただアサガオの種を配ったのではとんでもないことになってしまうでしょう。小さくて転がりやすく、しかも黒っぽい種ですから、配るそばから落としてしまったり、なくしてしまったりすることが続発です。ですから私は、種を配る前に、まずハンカチを机の上に出させ、配られた種は、必ずその上に出すんだよと教えます。アサガオの種のように小さなものをなくさないためにはどうすればいいのか、その「方法」を教えているのです。

　小学校の先生ならばどなたでも、教科の指導と同じくらい、もしかしたらそれ以上に、日常生活に関する子どもたちの指導に苦労されていることと思います。

　ものをなくす、机の中がゴチャゴチャ、脱いだ体操着をそのままにする、忘れ物をする、給食をこぼす……。

　何度言っても同じことを繰り返す子どもたちに、「指導」という範疇をこえてイライラしてしまうことも、ときにはあるのではないでしょうか。

　そこでガミガミと子どもを叱るのは簡単ですが、それだけではいつまでたっても子どもの行動は改善しません。子どもたちは、きちんと行うための「方法」を知らないからです。

　脱いだ体操着を丸めておく子どもは、衣服のたたみ方を知らないのです。ぼろぼろとこぼしながら給食を食べている子どもは、はしやスプーンの正しい使い方を知らないのです。日常生活の面でも、そういった「具体的な方法」を指導していくことが、叱ったり、注意したりする前に、とても大切なことだと考えています。

▲ハンカチの上にのせたアサガオの種を観察する子ども

III 文章を書く活動

観察文を書く……66
絵日記を書く……70
読書感想文を書く……74
報告文を書く……78
意見文を書く……82

Ⅲ 文章を書く活動

観察文を書く

取り上げる事柄と、整理していく観点を見つけることが必要になる

　観察メモをもとに説明文を書くことは、主語・述語を整えて、文を書くことにつながります。低学年では、生活科の学習と関連させて行うことで、観点がはっきりした観察を行うこともできます。

　観察文を書くためには、取材の方法を知ること、主述の整った文を書くこと、文章の構成を知ることが必要です。

「国語授業を変える『用語』」へのリンク

◆問いと答え…p.36　◆具体・抽象…p.40　◆比喩…p.111

ワークシート1

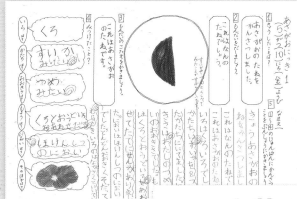

▲ワークシート1の記入例。観察の内容、かくことをナビゲートしている。

ワークシート2

▶ワークシート2の記入例。観察することは、子どもが自分できめる。

手順

手順1　観察に意欲をもつ。

生活科と関連づけて、一人ひとりが自分で育てた植物を続けて観察する。

手順2　観察の項目・観点を知る。

何を観察するのか、観察する部分をはっきりとさせる。
「問い」と「答え」の文をメモに組み入れて、手順4「説明文を書く」へのつながりを考慮する。
具体的な観察は、いくつかの観点を示す。

手順3　観察したことをメモする。

一つずつ丁寧に観察して、言葉で表現させる。
比喩を使って言葉で表す方法を教える。
「思ったこと」のメモ欄も用意する。

手順4　メモをもとに説明文を書く。

観察メモを見ながら、順番に文を書き、説明文としてまとめる。

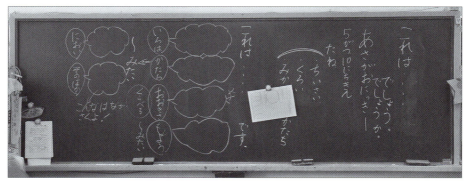

▲ワークシート1の記入のしかたを説明した板書

実践実例

「あさがお日記」で、観察文の書き方を習得する

　書くことの「意欲」「技」「内容」をもたせることで、表現力を育成します。そのために、1年生のはじめ、あさがおの観察をするときに項目をはっきりさせ、観点を示して観察をします。

学習活動1
項目・観点をはっきりさせて観察する　手順1・2

　生活科の学習と合わせて行い、あさがおを育てることに興味をもつようにはたらきかけます。花の色が多彩なことを見せたり、種にはへそがある話をしたりします。
　種子の観察であれば、例えば次のような具体的な項目・観点を示します。

> ＜たねのかんさつ＞
> ①きょうかんさつするものをかきましょう。
> ②もんだいをだしましょう。
> ③もんだいのこたえをかきましょう。
> ④こたえのえをかきましょう。
> ⑤みつけたことをかきましょう。
> 　・いろは？
> 　・かたちは？
> 　・おおきさは？
> 　・もようは？
> 　・においは？
> 　・そのほか？

　はじめての観察のときは、1項目ずつ子どもに問いかけ、返事を聞きながらいっしょにワークシートを記入します。（66ページの上のワークシート1。）
　①～⑤の項目は、入門期の説明文の学習と関連づけます。①～③は主語と述語を整えて書き、そのまま、文章を書くときに書き写して使います。④の絵は、説明文の「これはなんでしょう」を参考にします。1学期に学習するなぞなぞの説明文には、部分を示す問題と全体を示す答えの写真があります。観察の絵は全体ではなく、部分を描くようにします。種の観察は、全体の絵を大きく表現し、つぼみの観察になったら、つぼみだけを描くようにさせます。
　⑤の見つけたことをかくときは、一人ひとりが自分の言葉で表現するようにしていきます。種の色は、1つずつで微妙に変わります。形は、何に似ているか連想させると「みかん」「すいか」「三日月」など言葉にするとさまざまな表現になります。それを認め「～のような」「～みたい」というたとえの表現につなげます。大きさも身近なものと比べて表現します。自分の体の部分や文具で測るとよいでしょう。

学習活動2
観察のメモをもとに文章を書く　手順3

　ワークシートの下の段に書きます。①～③まで、1文1段落で写します。⑤の見つけたことは、「～は、～です。」というように主語と述語は整えて書きます。最後に「思ったこと」を書きます。

> ◆ワークシート1を使った観察文（児童）
> 　きょう、あさがおのたねをかんさつしました。これは、なんのたねでしょうか。これは、あさがおのたねです。いろは、くろくて、かたちはみかづきみたいです。おおきさは、ちいさくて、もようはてんてんです。

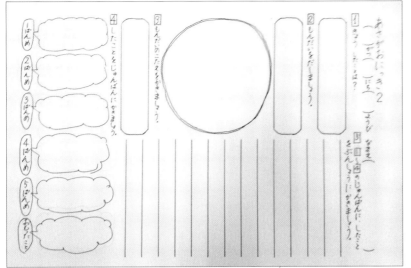

ワークシート2
「したこと」の順序を意識して詳しく書くワークシート。

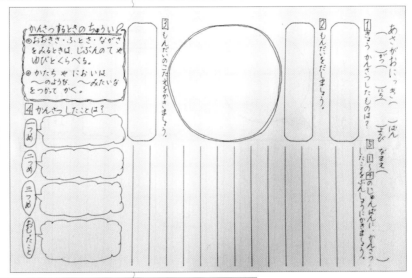

ワークシート3
観察したことは何なのか、観察の観点を意識して書くワークシート。

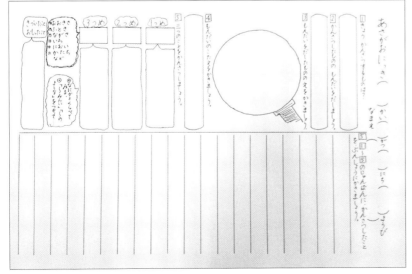

ワークシート4
観察方法に慣れてきたころに使う、書くスペースを広くしたワークシート。

III 文章を書く活動

絵日記を書く

自分の思考を文章にまとめる力をつける

　日記を書くことは、自分の思いをつづり、日々の自分自身を見つめながら、自分の心を解放していくことにつながります。

　日記を書くことによって文章を書くことに慣れるだけでなく、自分の思いを書き進め、自分らしさを表現する力が育ちます。また、1つの事柄に対していろいろな見方・感じ方ができるようになるので、ものの見方・感じ方・とらえ方が鋭くなり、集中力も生まれます。

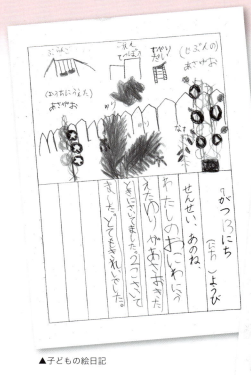

▲子どもの絵日記

手順

手順1　題材を探し、書くことを決める。
題材を探し、その中から知らせたいことを選んで、書くことを決める。

手順2　絵で表す。
伝えたい内容を詳しく思い出し、知らせたいことがわかるように、絵日記の絵の部分を描く。

手順3　絵を説明するように文を書く。
絵に合った文をカードに書き、カードを順序よく並べ替えて、文を組み合わせ、絵日記を完成させる。

手順4　絵日記の交流や発表をする。
絵日記を書いたり発表を聞いたりしてよかったことを、次への意欲につなげる。

＜無理なく日記を書く方法＞

毎日書くことにこだわらず、「丁寧に書く・コメントする」を大切にする

　毎日書き続けることも大切ですが、子どもの書こうとする意欲を継続させ、教師のほうも子ども一人ひとりへ的確な朱入れをするためには、あまり無理強いせず、週に1、2回書かせるのがよいでしょう。

　クラスをいくつかのグループに分け、それぞれ日記を提出する曜日を決めます。そして、「なんでもいいから書く」ではなく、「心を動かされたこと」をしっかり書こうという指導をします。

　子どもは一週間の中で書く材料を見つけ、1つの題材をしっかり書くことができ、教師のほうもそれにしっかり応えて丁寧にコメントを入れることができます。

よかった点は強調する。誤りの指摘は控えめに

　日記の中でよい部分や光る言葉、書きぶりのよさなどに波線を付けて◎をあげること。また、なぜその部分がよいのか説明してあげること。

　よかった点を強調されたりほめられたりすると、子どものモチベーションは上がり、子どもはさらに書く気になります。

　逆に、誤りの指摘は控えめにします。×をつけるのではなく、横に正しい字を小さく書いたり、気づかせるヒントを疑問形で示したり、吹き出しで書き加えることを誘導したりすると、子どもに穏やかに伝わり、それを何回か繰り返す中で、次第に充実した文章が書けるようになっていきます。

題名を先につけることで思考力を育成する

　内容を端的に表現し、中心のはっきりした文章を書くために、題名を先に考え、それに沿って書かせるとよいでしょう。

　題名をつけることは思考力の育成につながります。

実践実例

絵日記の書き方を習得する

　1年生の子どもは、絵日記を書くことが好きです。自分が体験したことや日々の生活の中で心に残ったこと、心が動いたことを絵と文で表現できて、1つの作品として残せることに喜びを感じるからです。

学習活動1
どんなことを書くか考え、
どんなふうに書くか決める 手順1

　次のような題材の中から、書きたいことを選びます

- 楽しかったこと
- うれしかったこと
- 驚いたこと
- どきどきしたこと
- おもしろかったこと
- くやしかったこと
- 悲しかったこと
- 初めて知ったこと
- きれいだなと思ったこと
- 失敗したこと

　書きたいことが決まったら、隣同士などでペアとなり、自分の知らせたいことを話させ、内容について互いに2～3個程度質問させ答えるという活動を入れます。それは、友達に話をし、また友達から質問を受けることで、伝えたい内容を詳しく思い出し、書く内容をしっかりとイメージさせられるからです。

　そこから、具体的に何について書くか考えますが、次のようなことを意識させるとよいでしょう。

①いつ、どこで、だれと、何をしたのか
②どんなことがあったのか
③どんなことをやったり見たりしたのか
④そこから何を感じたのか

学習活動2
絵を描く 手順2

　最初に絵を描かせます。そのとき、子どもが何から描き始めるかに注目します。それが、子どもの書きたいことだからです。絵を描く力が思い出す力になるので、時間をかけて丁寧に絵を描かせます。絵の中に、人物の名称や中心となる言葉を書いてもかまいません。また、絵が進まない子どもに対しては、「お祭りに行ったとき、ほかに誰がいたの？周りの様子は？」などと思い出させて、なるべく詳しく絵が描けるようにします。

学習活動3
絵を説明するように文を書く 手順3

　絵が描けたら、その絵を手がかりにして、説明するように文を書いていきます。そのときカードを用意して、絵に合った文をカードに書いていくようにします。カードには、

- したこと
　　（いつ　だれが　どこで　だれと　何をしたのか）
- 見たこと
- 聞いたこと
- 話したこと

- 感じたこと
- 思ったこと、考えたこと

　絵だけではわからないことを文で表すと、相手に詳しく伝えられるわかりやすい絵日記になることを再度ここで確認すると、より意識して文を書くことができるでしょう。

　次に、カードを時間の順序に並び替えさせます。カードを並び替え、絵の内容が詳しく伝わるか、組み合わせはよいか考えさせ、必要に応じて文を入れ替えたり追加させたりします。

　そして、文が決定したら声を出して読み、表記のまちがいや句読点が正しいか確認させます。また、隣の友達に読んでもらい、表記のまちがいがないか、わかりやすい文になっているか確認させたり、絵と合った文になっているか、文を読んだあと絵を見せて確認させたりします。

　それから、並び替えたカードをもとに、清書していき、完成となります。

　留意点として、次のようなことが挙げられます。

文が進まない子どもに対して
　「絵が描けたね。これは何のお話？いつのこと？そのときどんな様子だったの？それでどうなったのかな。そのことを文に書いてごらん」と、絵のことをもう一度意識させるとともに、時間的な経過などについても具体的な問いかけをしながら文を書かせるようにします。また、「いちばん上手に描けたところはどこ？」と、具体的に絵を話題にして話させることで、絵で描き足りなかったことや様子を思い出して、書けるようになります。

「詳しく書く」ことについて
　「詳しく書く」といっても、それだけではイメージしにくいので、「どのように楽しかったのか」「どんなものがどのようにあったのか」など、一人ひとりに声をかけていく必要があります。

自分が書いていることを見直す場を設定する
　机間指導しながら、全体に対して「○○さんがこんなふうに詳しく書いているよ。様子や気持ちがとってもわかるね」と投げかけることでも、子どもは自分の書いている文を見直す機会をもつことができるので、子どもの様子を見ながら意図的にそういう場を設定していきます。

　また、文を書くときの注意ですが、
・主語と述語が整った文であること
・正しい表記で書くこと
この2つをおさえましょう。特に、助詞（は、を、へ）の使い方、句読点の使い方、長音、拗音、促音などを指導します。

学習活動4
絵日記の交流や発表をする　手順4

　友達がどんな絵日記を書いたか読み合い、感想を書いて渡したり、実物投影機などで作品を映し出しながら発表させたりします。

　どちらの場合も、友達から評価される場を設定し、よかった点を見つけてあげるようにすると、自信や次への意欲につながります。

　その際、文のどのようなところがよかったのか（気持ちが詳しく書かれている、様子が目に見えるようだなど）まで挙げさせると、具体的によい部分がわかり、自分の作品を見直す観点がもてるようになり、今後の日記指導にもつながっていきます。

Ⅲ　文章を書く活動

Ⅲ 文章を書く活動

読書感想文を書く

自分の感想を論理的に深め、相手に伝える力を伸ばす

　感想文とは読書感想文に限らず、自分の身のまわりで起こったさまざまな出来事に対して感じたり思ったりしたことを書き止めるもので、随筆などもその一つです。

　対象を正しく理解することから始まり、特に読書感想文では読解力が必要となります。

　単に感想をもつだけではなく文章にまとめることは、考えを論理的に深めることになります。また、読み手に対して感想や感動を伝えるために、具体的に表現する力を伸ばします。

「国語授業を変える『用語』」へのリンク
◆序論・本論・結論（はじめ・なか・おわり）…p.32　◆中心人物・対人物…p.58
◆事件（出来事）…p.66

▲子どもが書いた読書感想文

手順

手順1　本を選ぶ。

読書感想文の20%は本選びで決まる。自分の経験と重ねられるものや、自分の体験や気持ちと比べながら読めるもの、新たな発見や気持ちの変化をもたらすもの、前に読んだ本と関連のあるものなどを選ぶとよい。日頃から読書記録をつけておいて、その評価から選ぶのもよい。

手順2　書き方を知る。

全国や地域の読書感想文コンクール入選作品集などを活用し、参考になる書き方（組み立てのパターンや表現の工夫）を見つけ、分類・整理し、自分の表現に生かせるようにする。

手順3　本を読み、感想をメモで書く。

基本的設定（登場人物、場所、時など）と印象に残ったところをおさえ、付箋紙を貼りながら読む。そして、付箋紙を貼ったところを中心にもう一度読み直して、考えや感想などをメモしていく。

手順4　構成を考える。

文章に書きたい付箋紙を選び、選んだ付箋紙やメモをもとに、おおよその文章の構成を考えていく。このとき、［はじめ］［中］［終わり］や双括型の文型などを意識して考えていくようにする。

手順5　構成メモをもとに感想文を書く。

構成メモをもとに実際に書いていく。次のような工夫・表現をどれだけできるかで、感想文のよさが決まってくる。
　①書き出しを工夫する
　②あらすじや引用はできるだけ短く
　③自分と主人公を比べる
　④主題をおさえる
　⑤題名の工夫

手順6　推敲・清書する。

文章を書き終えたら、誤字だけでなく、1文が長くなっていないか、事実と感想の区別ができているかなどチェックする。

実践実例

読書感想文の書き方を習得する

学習活動1
物語を正しく理解する

　読書感想文を書くうえで大切なことは、まず物語の内容を正しく理解して読めているかどうかということ。それを確かめるには、「この物語は誰（中心人物）が何（事件・出来事）によってどのように変化したかを書いた話」と一文に要約できるかどうかです。

　アリソン・ウォルチ作、薫くみこ訳、『わたしのいちばん、あのこの1ばん』を例に、一文に要約すると、「ロージーが／豆育てでバイオレットと競争することによって／もう一度自分の好きなこと（いちばん）を見つける話」となります。

学習活動2
感想メモを書く 手順3・4

　続いて、感想メモを書いていきます。メモは、①感想（本を読んでどんな気持ちになったか）②そう思った理由、③まとめ——と3つの項目に分けて書くと、内容が整理しやすくなります。

> 〔感想〕　この本を読んで、やっぱりズルはしないほうがいいなと思いました。
> 　　…本を読んだあとに、いちばん印象的だったこととやどんな気持ちになったのかを書く。
> 〔その理由1〕　ロージーは、バイオレットのうえきばちのめに土をのせたとき、きゅうっとちぢんでいく気がしたそうです。わたしも同じような気持ちになったことがあります。
> 〔その理由2〕　ロージーにズルされた日、バイオレットは病気で休みます。だからロージーは、悪いことをしちゃったという気持ちがもっと強くなったんだと思います。
> 〔その理由3〕　そのあと、ロージーははんせいして、バイオレットのおまめちゃんもがんばってそだてます。おまめちゃんのおせわをしているときが「いちばん」だって思います。
> 　　…なぜそう思ったのか、その理由を3つ書く。このとき、①中心人物について、②事件・出来事について、③中心人物の心がどう変わったかという具体的な視点を3つ挙げて書くとよい。
> 〔まとめ〕　わたしの「いちばん」は「友だちがわらっていること」。友だちときょうそうしているときも楽しいけど、いっしょにあそんでいるときのほうが楽しいです。
> 　　…「だから、私はこう思った」という自分なりの意見を書く。

　感想メモの段階で、上記のように双括型で構成しておけばあとはまとめるだけなので、書きやすくなります。

学習活動3
メモをまとめ、清書する 手順5・6

　メモを書き終えたら、原稿用紙に清書していきます。［はじめ］に、感想メモの「感想」を入れます。

　［中］には「理由1〜3」を順に書いていきます。

　その書き方としては、「なぜなら」「その理由は」などの書き出しで1番目の理由を、2番目の理由は「そして」「次に」「2番目の理由は」などの書き出し、3番目の理由は「さらに」「あ

とは」「3番目は」などで書き始めます。文の最後は「〜だからです」「〜からです」で締めくくる。

［終わり］には感想メモの「まとめ」を入れます。「だから、私はこう思った」という書き出しにします。

感想文の組み立てには、他に次のようなものもあります。

- ①あらすじ
- ②自分と比べる（「もしも」と仮定して自分にひきつける）
- ③主人公への思い（自分に「なぜ」と問いかける）
- ④心に残った言葉の引用（それに対する自分の考えや意見）
- ⑤心に残った場面（クライマックス）
- ⑥主題

［はじめ］ 作品を読んで思ったこと、感じたこと、考えたこと
［中］ その具体、感想語彙の根拠となる言葉、自分の考えとその理由（どこを読んで何を感じたか）、本と自分との結びつき
［終わり］ まとめ、本から学んだこと、読んで自分が変わったこと、生活へのつながり

また、構成メモをもとに文章を書くとき、次のような点も留意します。

○**書き出しの工夫**

書き出しは、文全体の流れや読む人の印象を決める大事な部分です。次のような例を参考に、読み手の興味を引く書き出しを工夫させましょう。

- ・本との出合いや本を選んだ理由から
- ・登場人物へ呼びかけ、手紙を書くように
- ・印象に残った言葉や場面から抜き出す
- ・自分の思いや主張から入る
- ・素直に本のあらすじから始める

○**あらすじのまとめ方**

その本を読んでいない人が感想の内容を理解できるように、また、自分の感想に共感を得るために、あらすじを入れることもあります。ただし、あらすじだけの文章にならないように、できるだけ短く簡単にまとめることが大切です。あらすじの量は、全体の四分の一を越えないようにするのがよいでしょう。あらすじのまとめ方は、「〜が〜によって〜する（になる）話」の基本文型を使うとよいでしょう。

○**まとめの書き方**

文章の結びには自分が最も伝えたいことを素直に書けるようにしたいものです。

- ・最も強く感じたことを書く
- ・本を読んだことで自分はどうなったか、これからどうしたいかを書く
- ・登場人物へ語りかける形で書く
- ・読む人に訴えたり疑問を投げかける形で書く
- ・印象に残った言葉の引用で締めくくる

○**題名の工夫**

「〜を読んで」という題ではおもしろくありません。

- ・本に出てくる印象的な言葉を使う
- ・自分の主張、伝えたいことをそのまま題名にする
- ・呼びかけや疑問などを表す言葉を使う
- ・感想文の中の言葉から使う

など、工夫させたいものです。

読書感想文のコツは、「比較思考」です。その本の中でいちばん心を動かされたところ、強く感じたところを、自分の生活や他の作品と比較しながら書いていきます。比較することによって、なぜ自分がその部分に惹きつけられたのか、どのように感じたのかという感想が引き出され表現できるようになるのです。

ただ、いきなり感想文を書かせるのではなく、読みの学習のときにしっかりと文章を読み解き、読み解いた内容に対して自分はどのように感じたかを考えさせたり表現させたりするトレーニングが必要になってくるでしょう。「読む」と「書く」を切り離さず、読みの学習をしっかり行ってこそ、書く力が伸びるのです。

III 文章を書く活動

報告文を書く

情報を集め、判断し、伝える力を育てる

報告文には、経験報告文、調査報告文、活動報告文などがあります。

報告文を書くことによって、情報を集める力、情報を取捨選択する力、わかったことを正確に記述する力、何を伝えたいのか中心をはっきりさせてわかりやすく書く力、ときには写真や絵、図やグラフ、表などを用いてわかりやすく伝えられるよう工夫する力——などを育てることができます。

「国語授業を変える『用語』」へのリンク

◆序論・本論・結論（はじめ・なか・おわり）…p.32

▲子どもが書いた野菜畑見学の報告文

手順

手順1　報告することを決め、学習計画を立てる。

見学したことを調査報告文にまとめるために、学習課題を設定し、学習計画を立てる。

手順2　取材してメモを取る。

見学するときのポイントは、よく見て、聞いて、感じること。そして、メモをしっかり取ること。

手順3　取材メモを整理する。

取材メモや資料から必要な情報を取捨選択し整理する。

手順4　報告文の構成を考え、構成メモをつくる

文章に書きたいところに付箋紙を貼り、メモをする。そして、選んだ付箋紙やメモをもとに、おおよその文章の構成を考えていく。このとき、「はじめ」「中」「終わり」や双括型の文型などを意識して考えていくようにすると書きやすい。

手順5　報告文を書く。

構成メモをもとに読み手にわかりやすい報告文を書いていく。

手順6　友達と感想交流して、学習を振り返る。

完成した調査報告文を読み合い、評価し合い、学習の振り返りをする。

取材メモの例（B6版の大きさのカード）

Ⅲ　文章を書く活動

実践実例

正確に伝える調査報告文の書き方を習得する

　工場などの社会科見学で調べたことを、記録として残したり友達に報告したりするために、事実を正確に伝える調査報告文を書くことをねらいとした学習です。

学習活動1
学習の見通しをもち、学習計画を立てる
　　　　　　　　　　　　　　　手順1

　見学したことを調査報告文にまとめる目的や伝える相手をはっきりさせ、学習目標をもたせます。そして、わかりやすい調査報告文を書くまでの学習計画を立てます。流れは、次のようになります。

> ①見学する前に「見てきたいこと」「聞いてきたいこと」をカードに書いておく。（社会科との横断的計画）
> ②メモを取りながら見学をする。（社会科との横断的計画）
> ③メモや資料を整理する。
> ④[はじめ][中][終わり]の組み立てメモをつくる。
> ⑤[中]をくわしく書く。
> ⑥「まとめ」に自分の考えを書く。
> ⑦パンフレットの絵や図、写真も使う。
> ⑧構成表（組み立てメモ）から調査報告文を書く。

学習活動2
取材してメモを取る　手順2

取材するときのメモの取り方は、

> ・箇条書きにする。
> ・メモには、日時、場所、見たこと、聞いたことなどを正確に書く。特に、事柄の名前や数字は正確に書く。
> ・大事なところや要点をとらえてメモする。特に大事なところは○印をつけておく。
> ・横書きにする。
> ・見たり聞いたりしたとき、説明を受けたときの感想や意見も書き込んでおく。感想、意見は囲んだり下線を引いたりしておくと後でわかりやすい。
> ・見たり聞いたりしたこと以外にも気がついたこと、鼻や肌で感じたことなども書く。

などです。
　パンフレットなどの資料も集めておくと、あとで役に立ちます。

学習活動3
取材メモを整理する　手順3

取材メモを整理する観点は、

> ・「見てきたいこと」「聞いてきたいこと」が明らかになっているか。
> ・大事なところが抜けていないか。
> ・数量などは正確か。
> ・順序はよいか。見学した順になっているか。
> ・感想や意見を付け加えているか。

などです。見学をして考えたこと、伝えたいことの中心を決め、必要な情報を取捨選択して整理していきます。

学習活動4
報告文の構成を考え、構成メモをつくる
　　　　　　　　　　　　　　　手順4

　整理したカードを［はじめ］［中］［終わり］

[終わり]まとめ自分の考え	[中]	[はじめ]前書き	題名　　　　名前	読み手に伝えたいこと

に分類して、構成メモをつくります。

　まず、報告したいカードを選び、いちばん伝えたいカードと、それに関係するカードを選んで、まとまりをつくります。これが、文章の中心になります。そして、見学した順に並べ、小見出しを立て、いちばん伝えたいこと（文章の中心）がうまく伝わる流れになっているかどうかを考えながら、構成メモをつくっていきます。［はじめ］には何について報告するのかを書き、［終わり］はまとめや自分の考えなどを書き、これで構成メモができあがります。

　一般的な調査報告文の構成は、

> ［はじめ］
> 　①調査のきっかけ・ねらいや目的
> 　②予想や仮説
> 　③調査の対象や方法
> ［中］
> 　④調査の結果
> 　⑤調査の結果の考察
> ［終わり］
> 　⑥調査のまとめ、感想、振り返り、今後の展望

となります。

学習活動5
報告文を書く　手順5

　構成メモは箇条書きでしたが、実際に書いていくときは、文と文のつながりや、段落と段落のつながりを意識しながら、構成メモを膨らませて書いていきます。中心を詳しく、また、順序を表す言葉をうまく使いながら話の流れがはっきりわかるように書いていけるとよいでしょう。

　また、調査結果は、写真や絵、表や図、グラフなどの資料を効果的に活用して、まとめ方を工夫しながら、読み手にわかりやすく書き表します。そのとき、調査してわかったことと自分の考えや意見などは、文末表現を区別し工夫して書くことが大切になります。

> ○事実を書くとき
> 　「〜です」「〜しました」「〜でした」
> ○調べてわかったことを書くとき
> 　「〜とわかりました」「〜ということです」
> 　「〜だそうです」「〜と教えてもらいました」
> 　「〜と聞きました」
> ○自分の考え、意見を書くとき
> 　「〜と思います」「〜と考えます」
> 　「〜といえます」「〜のようです」
> 　「〜かもしれません」
> 　「もっと調べてみたくなりました」

学習活動6
友達と感想交流して、学習を振り返る　手順6

　友達の作品を読んで、感想を交換したり、評価のポイントを用意し、調査報告文として読み手にわかりやすい文章になっているか、評価し合ったりします。

　同じ見学をテーマに、下のようなパンフレットの形にまとめることもできます。

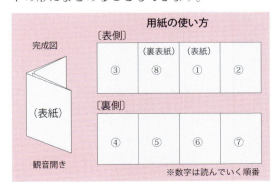

Ⅲ　文章を書く活動

Ⅲ 文章を書く活動

意見文を書く

事実と意見を区別してとらえ、自分の考えをはっきり示す力を育てる

　意見文とは、ある事柄や出来事について、自分の考え（意見）を述べる文章です。意見文では、「自分は○○だと考える」という意見をはっきりと示すことが大切です。そのためには、事実と意見を区別してとらえる力が必要です。

　例えば、説明文の筆者の主張や述べ方に対する意見文では、筆者の主張と論の進め方、事例の挙げ方等の関係について考える力や、作品の事実と意見を区別して読む力が育ちます。

「国語授業を変える『用語』」へのリンク

◆要約…p.30　◆段落相互の関係、文章構成図…p.38
◆具体・抽象…p.40　◆要旨（主張）…p.42

　筆者は、あなたは過去の全てとつながり、地球上の未来へもつながっていく存在であり、未来の生き物ともつながっていると述べているが、自分は、もし結婚せず、子孫を残せなかったS、過去とはつながっても、未来の生き物とはつながらないのでは？と疑問に思いました。私は筆者が述べる全ての生き物は、未来につながる、ではなく、未来につながる生き物と、そうでない生き物がいるのではないかと思います。

▲子どもが書いた意見文

手順　説明文に対する意見文の場合

手順1　一読後の感想を書き、自分の感じたことを書きとめる。

最初に読んだときの自分の感想を書きとめるように指示する。クラスで感想を共有することも効果的である。「主張に対しての意見」「事例の挙げ方、論の進め方に対する意見」「事例と主張との結びつき方に対する意見」などが出てくる。よい意味で自由に表現できることが大切。

手順2　筆者の主張をとらえ、どのように論を展開しているかを読む。

作品の細部を読む。筆者の主張の段落をとらえ、その主張をするためにどんな論の進め方をしているかを把握する。段落ごとの要点をとらえて意味段落に分けたり、文章構成図を書いたりすることで、段落のつながりが明確になる。

手順3　説明文を要約する。

要旨をふまえて要約するように指示する。筆者は、自分の主張を述べるために、何を比較し、どのような事例を挙げ、どのようにまとめているのかを200字程度で要約する。「筆者は」という書き出しで統一する。

手順4　最初の自分の感想と今の自分の考えを比べて、作品に対する自分の考えをまとめる。

一読後の自分の感想を振り返る。作品の細部を読み要約することで、子どもは、自分の考えを深めることができる。「おかしい」「納得できない」と感じていたことが納得できるようになっていたり、より深く「おかしい」と感じるようになっていたりする。

手順5　要約文につなげる形で意見文を書く。

先ほど書いた要約文につなげる形で意見文を書く。共感するところや納得できないところを書く。「私は」という書き出しで200字程度でまとめるように指示する。何について賛成なのか反対なのか対象を明確にすることや、自分の意見を「例えば」「なぜなら」といった接続詞を使って述べることがポイント。

実践実例

「生き物はつながりの中に」に対する意見文を書く

「生き物はつながりの中に」中村桂子　光村図書『国語』平成26年度6年

学習活動1
初発の感想を交流する 手順1

　まず、「意見文を書く」ことを目標に学習することを告げます。その後、一読後の感想をノートに書きます。子どもの感想をまとめたものを配布し、友達との意見の違いや確認をしたいことを出し合います。

　下は、子どもが書いた〈一読後の感想〉です。

> 一読後の感想
> 〈納得〉
> ・納得感が大きくなる書き方だ。
> ・頭の中で連想しやすい。
> ・7段落に書かれている内容に賛成。
> 〈おかしい〉
> ・「他の生き物とつながる」がわかりづらい。
> ・ロボットにも「ちえのつながり」というつながりがあるのではないか。
> ・生き物が他の生き物から栄養を摂取していることもつながりとしてテーマにするべき。

◀子どもが書いた、一読後の感想

学習活動2
筆者の主張と述べ方をとらえる 手順2

　❶段落の「生き物の特徴をさぐってみましょう」から、次のような課題をつくります。

> 課題
> どんな特徴がいくつあるの？

　子どもの答えは、「3つ」「4つ」と2つに分かれます。そこから、文章構成をとらえる学習の必然性が生まれます。❷段落に書かれている内容が「生き物の特徴」の1つに入るのかどうかが焦点になります。

　そこで、「問いと答え」をおさえます。読みの観点を明確にすると、書かれている特徴は、「3つ」であることがわかります。

　本文には、「問いの文」が2つあります。❶段落の「生き物の特徴をさぐってみましょう」と、❷段落の「本物のイヌとロボットのイヌは本当に同じでしょうか」です。

　❶段落の問いの答えは、❻段落にあります。❷〜❺段落は、❻段落の答えを出すための具体的事例です。❷段落の問いの答えは、❸段落にあります。❷段落は、❸段落の事例を述べるための段落です。このことから、「生き物の特徴」は、❸，❹，❺段落に書かれている事例であることがわかります。（答えは3つ。）

学習活動3
要約文を書く 手順3

本教材の構成をまとめると、次のようになります。(p.58「要旨・要約をまとめる」参照)

要約文を書く時には、次の点を観点として確認します。

①筆者の主張は何か。
②何を比較して述べているか。
③わかったこと（具体）は何か。

また、要約文は、書き出しは「筆者は」で統一し、200字以内で書くように指示します。書き出しを統一することでブレが少なくなります。

また、字数のしばりを設けることで、上記の①〜③は何かを追究して書くようになります。

学習活動4
今の自分の意見・感想を意見文の形でまとめる 手順4・5

第1時の自分の感想を振り返ります。最初の感想を振り返ることで、今、自分はこの説明文に対してどう思うのかが明確になります。

意見文は、主に次の内容になります。

①筆者の主張に対してどう思うか。
②主張（抽象）と具体のつながり方（述べ方の工夫や比較する対象）に説得力があるか。
③事例のそれぞれが納得できるか。

意見文を書くときは、要約文に続けて、「私は」の書き出しで統一し、200字でまとめるように指示します。「例えば」を使い具体例を挙げたり、「なぜなら」を使い理由を述べたりすることが大切になります。最も必要なことは、何に対して賛成なのか、反対なのかを明確に述べることです。

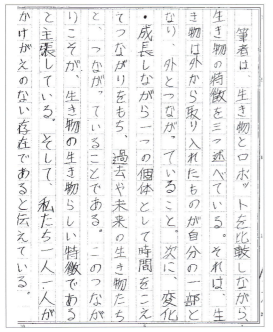

▲子どもが書いた要約文　　　　▲子どもが書いた意見文

Ⅲ 文章を書く活動

白石範孝の国語コラム

子どもたちに伝わるように「方法」を示しているか

> 次の文の☐には、どんな言葉があてはまるでしょうか。
>
> 雪がとけると、☐になる。

あなたはどんな言葉を入れましたか？
答えは大きく2通りに分かれると思います。

問題の意味を、雪というものがとけると何になるか――と考えれば答えは「水」です。しかし、季節の変化を「雪がとけると」と表現しているのだと考えれば答えは「春」などがあてはまります。

本当はどちらが正解……ということではありません。どちらも成り立ちますし、両方思いついた方にとっては、「どちらを答えればいいんだろう……」と、迷ってしまう問題でもあります。

つまり、この問題は、指示が不足しているために問題として成立しなくなってしまっているのです。

＊

私たち教師は子どもたちに対して、毎日、さまざまな「指示」を出しています。「音読のとき、もっと大きな声を出しなさい」「字をもっと丁寧に書きなさい」といった学習に関連することもあれば、「机の中を整理しなさい」「廊下を走ってはいけません」といった、生活面での指示もあります。

なかなかそういった指示通りに子どもたちが行動しなくて困っている――といった悩みを聞くこともありますが、その指示が、はたしてどれだけ具体的だったのか、子どもたちが混乱することなく行動に移せる指示だったのかを、もう一度振り返る必要があるのではないでしょうか。

例えば日記指導。「何を書けばいいの？」と迷っている子どもたちに、「自由に書いていいんだよ」などと言っていないでしょうか。それでいて子どもが「今日は給食にシチューが出ました」というだけの日記を書いてくると、「シチューはおいしかったのかな？　もっと感想も書いてね。」と……。「自由に書いていい」と言われたから書いたのに、「もっと、こう書きなさい」と言われたようでおもしろくない、と感じてしまう子どももいることでしょう。

日記を書かせるときに、「こういう日記を書いてほしい」というイメージが先生の中にあるのなら、やはり書かせる前に子どもたちにしっかりと伝えておくことが必要でしょう。

＊

指示を出すとき、「当然、こう受け取ってくれるだろう」という思い込みが生じやすいものです。それは、子どもたちに「方法」を示すときにも同じことがいえます。当然理解できるだろう――と安易に決め込むのではなく、「こういった説明の内容で子どもたちは誤解なく理解できるか」ということを、常に検証していくことが大切だと思います。

Ⅳ 制作・創作する活動

図鑑・事典をつくる……88
紙しばいをつくる……92
アンソロジーをつくる……96
リーフレットをつくる……100
本の帯をつくる……106
詩を読んで創作する……112
物語を創作する……116
短歌・俳句を創作する……120

Ⅳ 制作・創作する活動

図鑑・事典をつくる

「表現する力」だけではなく
「読む力」「論理的に思考する力」にもつながる

　図鑑・事典をつくるためには、事物の仕組みやはたらき・理由など客観的な事実を、文章や写真・絵によって読者にわかりやすく説明することが必要とされます。そのためには、書く力だけではなく、資料を正しく読み取ることができなくてはなりません。つまり、図鑑・事典をつくる活動は、「読む力」「論理的に思考する力」「表現する力」のいずれにもつながる活動といえます。

『国語授業を変える『用語』』へのリンク

◆題名（説明文）…p.22　◆基本文型、頭括型・尾括型・双括型…p.34
◆問いと答え…p.36

手順

手順1　単元全体のめあて、読みのめあてをもつ。

子どもが興味・関心を持続しながら意欲的に学習していくために、「図鑑・事典をつくる」ことを単元の目標に設定し、目的と見通しをもたせる。その際、図鑑・事典の特性（わかりやすい説明文と絵や写真などが必要であること）をおさえておく。

手順2　説明文を読む。

書き手の立場に立って説明文を読み、筆者がどんな事例をどんな順序で書いているか、構成はどうなっているか、表現の工夫はどうかなど、「わかりやすい説明の仕方」について学んでいく。図鑑・事典の特性を意識し続けるために、文と絵や写真を照らし合わせて考えたり音読したりして、文章に書かれている内容を理解させながら学習を進める。さらに、自分なりに感じたことや考えたことを、書く活動を通して主体的に読む手立てとしていく。説明文を「確かに読む力」が「確かに書く力」につながっていくので、大切にしたい。

手順3　調べる（並行読書）。

子どもが興味をもったものについて調べていく段階。ここでは、子どものニーズに合う本を準備しておく。冊数、種類も確保して、一人ひとりが十分に読んだり調べたりできるようにする。また、書くための参考になる資料などコピーして用意しておくことも必要。

手順4　調べたことをメモしたりカードに書いたりしておく。

手順5　メモやカード、組立シートなどをもとに説明する文章（図鑑）を書く。

情報を整理しながら、文章構成や説明の順序を考え、表現を工夫しながら書いていく。わかりやすい説明文になるよう大事な観点を落とさないよう、個に応じた支援をしていく。

手順6　書いたものを推敲し、できあがった説明文を友達と紹介し合う。

手順7　一冊にまとめて図鑑にする。

前書き、後書き、目次、表紙を書き、1冊の本に仕上げる。

実践実例

「じどう車くらべ」の基本文型を使って「じどう車ずかん」をつくる

「じどう車くらべ」編集委員会　光村図書『こくご』平成26年度　1年下

学習活動1
読みのめあて、見通しをもつ 手順1

3種類の自動車を取り上げ、自動車は目的によって構造が違うことを述べた説明文です。

まず、題名と冒頭の一文から中身を予想させます。「くらべ」の語句に着目し、自動車の何を比べようとしているのかに意識を向けます。

次に、自分の知っている車の名前をカードに書き、仲間分けさせ、分類した視点について話し合い、自動車はその目的によって構造が違うことに気づかせていきました。

そのあと範読し、「この文章の『もんだい』を出している段落はどこにありますか」と発問。子どもたちは、文末表現を手がかりに簡単に次の2つの問いを見つけることができました。

> 【もんだい1】それぞれのじどう車は、どんなしごとをしていますか。
> 【もんだい2】そのために、どんなつくりになっていますか。

この「問い」の内容を確認したあと、「この問題の『答え』は、いくつありますか」と問います。

2つ、3つ、6つ……子どもの反応はさまざまです。そこで、「問い」の段落に戻り、これが全体の問いになっていることをおさえます。この「問い」の役割に気づかせ、具体例の中に答えが2つあること、3つの事例に対して2つずつの答えの構成であること、すなわち問いに対する答えは6つであることをおさえます。

そして、2つの問いを視点としてその答えの内容を読んでいくこと、仕事とつくりの関係を読み取りながら自分も博士になって説明文を書き図鑑をつくるという見通しをもたせました。

学習活動2
説明文を読む 手順2

問いと答えの関係から、その内容を読んでいきました。3つの事例を比べその違いを見つけることで、「しごと」がわかり、そのための「つくり」に目を向けられるようにしました。

その際、基本文型や語句の使い方を学習できるようなワークシートを用意しました。流れは、次のようになります。

> ①めあての確認
> ②音読
> ③一人学び（答えだと思うところにサイドラインを引き、ワークシートで学習する）
> ④伝え合い・話し合い（ペア学習→全体での学び合い）
> ⑤わかったことをまとめる（手紙や自慢話にすることで読み取ったことが自分のものとなるようにする）

読み取りの中では、生活体験と重ね合わせたり、「もし……でなかったらどうなるだろう？」という想定で「乗っている人」に同化させたり、動作化をとおしてイメージを広げたり、不都合なつくりの絵を提示し話し合ったりして、思考を助けられるようにしました。

学習活動3
調べ学習 手順3・4

第4段落のあとに、はしご車の仕事やつくりについて問題提示がされています。この終末の

問いかけは子どもの好奇心をさらにかき立てます。

　学習した内容を生かしてさらに表現活動として取り組むことができるようになっているのもこの教材の特徴です。「つくり」はどの部分を取り上げればよいか、みんなで選ぶ観点を確認したり、叙述の順序（仕事→つくり）を意識しながら基本文型にあてはめ実際に話してみたりして、全体で共通に説明の仕方を学習しました。

　そのあと、自分が興味をもった自動車についても同様の進め方をすることを確認し、調べ学習に入りました。その際、自動車に関する絵本や図鑑、読み物、玩具などをできるだけ多く用意して環境を整えておきました。そして、子どもたちは調べたことをカードに書いていきました（仕事とつくりで色分けしておく）。

学習活動4
カードや組立シートをもとに説明する文章（図鑑）を書く　手順5〜7

　次に、カードを分類し、そのカードをもとに説明文を書いていくことになります。

　書く活動においては、次のような点をポイントとしました。

○子どもたちが「何を」「どのように」書いていけばいいかを具体的におさえて書かせるようにする。
○仕事とつくりを関係づけて書けるようにする。
○文と文をつなぐはたらきをする言葉「そのために」を必ず入れるようにする。
○1段落2文の構成を生かせるようにする。
○文型を確認して、書きやすくする。
○「〜のように」を積極的に使い、詳しく書けるようにする。

　書いたあと、表記の見直しや訂正をして、友達と交換して読み合い表現のよいところを見つけたり、自分の知りたい自動車を書いた友達の所へ行き説明を聞いたりしました。

　表記の見直しについては、下記のような「みなおしばなカード」を使いました。作文を書き上げたあと、ただ「見直しなさい」というだけでは、間違いや不適切な部分を見つけ出しにくいものです。そこでチェック項目を花びらに書き、見直しができたら色をぬって確認させます。

　そして最後に、前書き、後書き、表紙を書き、本の形にして仕上げました。

　構成や書き方をまねて（翻作させて）説明文を書くことは論理的な文章を書く力になります。子どもが「伝えたいこと」をもち、それをわかりやすく書くための手立てをもち、主体的によりよい表現を求めていけるようにしたいものです。

Ⅳ 制作・創作する活動

紙しばいをつくる

お話の場面の区切り方、設定、登場人物、出来事などを意識させるために

　紙しばいは、お話の場面をどのように区切ればわかりやすくなるのか、「物語の設定」や「登場人物」「出来事」などをしっかりととらえさせ、そこから場面を区切ることができるようにします。

　また、「絵と文章の面がうまくかみ合わなくなってしまう」「場面が多くなったり少なくなったりする」という問題点が出てきます。絵の紙面と文章の紙面の順番がズレないように、それぞれの紙面の順番を明記させるようにします。

「国語授業を変える『用語』」へのリンク
◆設定…p.50　◆場面…p.54　◆登場人物…p.56

▲子どもがつくった「かさこじぞう」の紙しばい

手順

手順1　画用紙は何枚必要かを考える。

- 物語の設定や出来事・人物を手がかりとして話の内容をいくつの場面にするかを考える。
- 何を手がかりにするかでそれぞれのグループで枚数（場面）の違いが生まれる。

手順2　場面の文章を決める。

- それぞれの場面で、話のどの文章を読むかを決める。
- 作品の全文から取捨選択して、場面を説明する文章を考えさせる。

手順3　紙面の順番を決める。

- 絵を描く面を「画面」、そして文章を書く面を「言葉面」という言葉の共通理解をする。
- まずは、「画面」に出す順番に番号を画用紙の右上につける。大切なことは、表紙の画用紙を①とすることである。
- 順番を決めたら順番通りに重ねた紙しばい全体をひっくり返し、今度は、「言葉面」の番号を書いていく。
  ※この作業をしていれば、「画面」と「言葉面」が食い違ってくることはない。

手順4　作業の分担をする。

- 一つのグループの人数は、4～5名ぐらいにする。全員が作業ができることを考える必要がある。
- 絵を描く作業、文章を書く作業……それぞれの作業を全員で進めていけるようにする。

手順5　途中で確認させる。

- 枚数の半分ぐらいまで作業が進んだら、「画面」「言葉面」の順番が正しいかを確認させる。
  ※この時点での確認をしておけば修正もしやすくなる。

手順6　発表の準備をする。

- どの場面を誰が読むのか、分担をする。
- グループで読みの工夫、画面のめくりのタイミングを工夫させる。
  ※紙しばいで重要なことは、この「めくり」のタイミングである。どこまで読んだら、めくるのか、そのタイミングを工夫させる。

実践実例

「かさこじぞう」で、紙しばいのつくり方を習得する

「かさこじぞう」いわさききょうこ　学校図書『小学校こくご』平成 26 年度　2 年下

学習活動 1
『かさこじぞう』を読む

　まずは、作品『かさこじぞう』の読みの学習をしていきます。特に、この作品においては、場面構成に着目して、作品全体をまるごととらえるようにします。次のような観点でさまざまな場面構成ができることを読ませていきます。

　この場面構成の読みが、紙しばいをつくっていく中で画用紙の枚数を決める段階で手がかりとなってくるのです。

◆場所で分けると……
・じいさまとばあさまの家
・町（大年の市がたっている）
・村の外れの野っ原

◆人物で分けると……
・じいさまとばあさま
・じいさま～町の市での人々
・6 人のじぞうさまとじいさま
・じいさまとばあさま
・6 人のじぞうさまとじいさまとばあさま

◆出来事で分けると……
・大みそか、何もない
・すげでかさを 5 つあむ
・町に売りに行くが売れない
・6 人のじぞうさまにかさとてぬぐいをかぶせる
・何もないままに大みそかをむかえる
・ま夜中ころ、じぞうさまがいろんなものを運んでくる
・よいお正月をむかえた

　場面は、いろいろな観点で分けられることに気づかせ、さまざまな分け方ができることを理解させ読ませていきます。

学習活動 2
紙しばいをつくる 手順 1～5

①枚数を決める

　国語の学習の一環として紙しばいづくりに取り組むのであれば、国語の読みの学習で学んだことを活用して行われなければなりません。ここでは、場面構成の仕組みを読みの学習で行ったので、この学習を紙しばいづくりに生かしたいと考え、次のように投げかけてみました。

> 「かさこじぞう」の紙しばいをつくりますが、画用紙は何枚必要ですか？　グループで話し合って決めましょう。場面を分けるにはどんなことを考えればいいのか、相談してみましょう。決めた画用紙の枚数は、変えることはできません。

　国語の読みの学習との関連をもたせるために、枚数を決めることから入っていきました。さらに、画用紙は、最初に決めた枚数を変えることができないという縛りをもうけました。

②順番を決める

　紙しばいをつくる活動で、子どもたちが戸惑うのが、絵と文字の順番です。気をつけないと絵と文章を 1 枚の紙の表裏に書いてしまいます。

　このようなことにならないようにするため

学習活動 3
できた紙しばいを比べる
手順 6

　できた紙しばいを縦につなげてそれぞれのグループの場面を比較させます。この比較によって、どのグループも取り上げている場面を見つけます。その場面は、この物語の中でとても重要でなくてはならない場面だということがわかります。

　この活動から、この物語で絶対に必要な重要な場面を取り上げることができるのです。

　また、その他の場面についても比較して、必要な場面を洗い出せるようにします。この活動から、物語全体をとらえた読みができるようにします。

　次の場面が、どのグループからも選ばれた場面です。

に、「画面」と「言葉面」の区別をさせて、順番を考えられるようにします。
- まずは、決めた枚数を重ねて、上から順番に番号をつけさせます。いちばん上の画用紙は表紙にすることを決めます。
- 今度は、順番通りに重ねた画用紙をひっくり返して、裏面を出し言葉面の番号を書いていきます。
- 「画面」と「言葉面」をしっかりと区別できるようにするために、番号を○番号と□番号で区別するとわかりやすくなります。

③ 紙しばいをつくる

　全員が作業できるように分担をさせてつくる活動に入っていきます。つくっている途中で順番、枚数が正しいのかを確認させていくことも大切なことです。このときには、「画面」と「言葉面」の順番を確認させるようにします。

　全部ができたところで読み方の工夫をさせていきます。この工夫としては、どこで場面をめくるかを考えさせるようにします。どこまで読んだときに場面を変えるのか？そのタイミングの工夫をさせるようにします。

▲「かさこじぞう」の紙しばいで、どのグループも選んだ6つの場面

Ⅳ　制作・創作する活動

Ⅳ 制作・創作する活動

アンソロジーをつくる

作者のメッセージをとらえる力や、対象をとらえて認識する力も育てる

　　アンソロジーとは、句集、歌集、詩集（名詩選）など、1つのテーマや基準で詩文などの作品を選び集め、1つの作品集としてまとめたもののことです。

　　多くの詩と出合い、詩の心と表現に親しみ、多読のおもしろさを知るだけではなく、作者のものの見方や感じ方に触れて、作者のメッセージをとらえる力、対象をとらえ認識する力をつけ、テーマにそって詩を集めたり選んだり創作したりする力を育てることができます。

「国語授業を変える『用語』」へのリンク

◆題名（詩）…p.96　◆詩のおもな表現技法とその効果…p.110

▼▶子どものアンソロジー作品

▲工藤直子　『のはらうたⅠ』童話屋

手 順

手順1　詩と出合い、鑑賞する。

詩を読んで自分の中に生まれたイメージをはっきりさせ、一人ひとりが自分なりの作品世界をもつ。

手順2　詩の特徴や表現技法の工夫と効果をとらえる。

その詩の言いたいことは何か、作者はどんな眼で対象を見ているのか、その詩のよさは何か、工夫した表現といった視点で詩を読み味わう。詩の特徴や表現の工夫と効果をとらえ、作者のものの見方や感じ方に触れて、その中でテーマを見つけていく。

手順3　テーマ（観点）にそって詩を集める。

テーマが決まったら、テーマから詩を読み直すという作業に入る。
たくさんの詩を読んで、テーマに合う詩を多くの詩の中から選定していく。（テーマにそって詩を集めるのは、1時間では難しいので、1週間から2週間の期間をおいて、図書室や図書館などで探しておくようにする。そして、テーマにあった詩があったら、視写しておくか、本を借りておくようにする。また、学級文庫に詩集をたくさん用意してすぐに読めるようにしておくのもよい。）

手順4　アンソロジーの構成を考える。

ある程度の詩が集められたら、今度はそのテーマが生きるように、詩の順序、配列を考えたり、解説・コメントを入れたり、短い文をはさんだりして前後の詩をうまくつなげ、構成を工夫していく。イラストをつけるのもいい。また、その中に、自分で創作した詩を入れても構わない。

手順5　できあがったアンソロジーを読み直す。

アンソロジーの表紙にタイトルを工夫してつけたり、目次をつけたりして完成させる。

手順6　友達のアンソロジーと読み比べる。

実践実例

テーマを決めてアンソロジーをつくる

「おと　いけしずこ」工藤直子　光村図書『国語』平成26年度　4年下

■実践事例A
工藤直子さんの作品の中から「オノマトペ」の出てくる詩を集めて、アンソロジーをつくろう

学習活動1
「おと」の詩を音読し、詩の特徴や表現の工夫をつかむ 手順1・2

　まず、工藤直子さんの『のはらうた』の中から「おと」という詩を共通教材として学習します。

　この詩を音読し、詩の特徴や表現の工夫をつかみます。この詩は、たくさんの擬音語で構成されていること、水である話者が相手によってさまざまな音を出していることに気づかせます。そして、いろいろな音が何の音か想像したり、水音からどんな様子か思い浮かべたりしながら、池が自分の中にあるいろいろな音を楽しんでいることが感じ取れるようにします。

　また、声で表現しながら考えさせ、擬音のおもしろさは声で表現するおもしろさ、楽しさに通じることを感じ取れるようにします。

学習活動2
オノマトペの出てくる詩を読み、どんな様子を表しているか考える 手順3

　次に、「みず」の詩を音読し、「おと」の詩と比べます。「みず」の詩は、しりとり的な筋の展開と擬態語のおもしろさが感じられる詩です。比較して読む中で、オノマトペには擬音語と擬態語があることを知り、擬態語がどんな様子を表しているかを考えていきます。

学習活動3
アンソロジーをつくる 手順4

　いよいよアンソロジーづくりです。「オノマトペ」を観点にアンソロジーを編むことで、ものの見方や感じ方、認識が広がることを実感させることができます。工藤さんの『のはらうた』には、「オノマトペ」がたくさん出てくるので、子どもたちは、擬音語と擬態語を区別しながら詩の中で「オノマトペ」を見つけては楽しんでアンソロジーをつくっていきました。

おと
　　いけしずこ

ぽちゃん　ぽちょん
ちゅぴ　じゃぶ
ざぶん　ばしゃ
ぴち　ちょん
ざぎ　だぶ
ばしゅ　ぽしょ
たぶん　ぶく
ぼつ　どぼん・・・
わたしは
いろんな　おとがする

みず
　　こぶたはなこ

わたし　みずたまり　すき
みずたまりで
あしぶみするのが　すき
あしぶみして
どんこできるのが　すき
どろんこで
すべって　ころぶのが　すき
ばしゃ　びちゃ　ちょび
くちゃ　つるん　ころり
まっくろけ！
・・・・・・
わたし　みずあびも　すき

工藤直子『のはらうたⅠ』童話屋

子どもたちが見つけた詩
- 「しょくじのじかん（あひるひよこ）」
- 「おがわのマーチ（ぐるーぷ・めだか）」
- 「でたりひっこんだり（かたつむりでんきち）」
- 「くねくねぶし（どじょっこれん）」
- 「ケロケロうたえば（かえるたくお）」等

■実践事例B
春の詩の
アンソロジーをつくろう

学習活動1
「春のうた」を読み、詩を解釈する 手順1・2

詩の中で使用されている対比やリフレーンの効果を考えながら、詩を解釈します。

学習活動2
春を歌った詩を多数読んで、その中から好きな詩を選ぶ 手順3・4

選んだ詩を、丁寧に色画用紙に書いていきます。

学習活動3
絵と選者の言葉を書き添えて、アンソロジーに仕上げる 手順4

画用紙に絵と選者の言葉（鑑賞文）を書き添えて、アンソロジーをつくっていきます。色調やレイアウトを考えたり、ふさわしい絵を描いたりすることで、自分なりに感じ取ったことを再構成していくことになります。そして、できあがった作品をお互いに読み合い、交流します。

このように、この詩を題材に季節の詩のアンソロジーをつくることもできますが、草野心平さんの詩の中でカエルに関わるものを集め、そこからカエルの世界の喜びや悲しみに焦点をあてて構成することもできるでしょう。

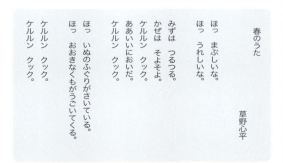

「春のうた」草野心平　光村図書『国語』平成26年度　4年上

また、季節（春夏秋冬）のアンソロジーづくりは、詩だけでなく、短歌や俳句を読んでつくったこともありました。

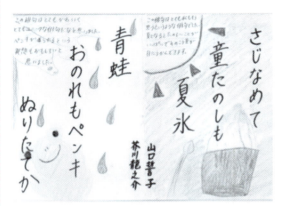

▲子どものアンソロジー作品　芥川龍之介『芥川龍之介全集9』
山口誓子『凍港』

アンソロジーづくりのよさ

アンソロジーは、一人の詩人やテーマに合わせて、自分のお気に入りの詩を選んだり集めたり、いろいろな編み方ができます。

一人の作者の詩集からストーリーを考え、それにそって組み立てていく方法もあります(例：工藤直子さんの『のはらうた』の中で、みのむしせつこに焦点をあててストーリー仕立てにする)。また、1年生などプレゼントする相手を決めて詩を選ぶことも1つの視点になるでしょう。アンソロジーをつくるうえでのテーマも、「季節の歌」「自然」「生命」「家族」「友達」「生き方」「平和」「愛」などいろいろ考えられます。

アンソロジーづくりのよさは、①詩の多読ができること②本物の詩人の多くの作品をイラストを添えたり自分なりにレイアウトを工夫して視写することで、詩心が醸成され詩に親しめること③選ぶことで自己表現ができること④多くの詩を読むことから創作の力がついてくることなどです。ただつくるのに時間がかかってしまうので、一人ひとりの進度をチェックしながら根気よく支援していくことが必要です。

Ⅳ 製作・創作する活動

リーフレットをつくる

多くの人に情報を伝えるための力を育てる

　リーフレットとは、案内・説明・広告などを目的とした、一枚刷りの印刷物です。

　リーフレットをつくることで、誌面を構成する力（意味段落をとらえる、具体と抽象をとらえる、文章構成や基本文型をとらえる、図や絵を活用して誌面を効果的に構成するなど）だけでなく、情報を伝える力（重要語句を定義する、重要語句の定義を活用する、非連続型テキストで説明する、筆者の主張や意図を効果的に説明など）を育てます。

「国語授業を変える『用語』」へのリンク

◆意味段落、主語連鎖…p.26　◆段落相互の関係、文章構成図…p.38
◆具体・抽象…p.40

手順

手順1　問いや挿絵をもとに、いくつのまとまりがあるかをつかむ。

写真や挿絵を板書し、その順番を考え、説明の順序をおさえる。また、形式段落をつけて、[はじめ][中][終わり]の3つのまとまりに分ける。[中]の部分には、いくつの事柄が書かれているのか、話し合う。

手順2　まとまりの関係を考えて、レイアウト図をつくる。

まとまり（意味段落）同士がどのような関係になっているかを考える。大きな問いの文をもとに、その答えとしてあてはまるまとまりを探す。その問いが貫いている範囲を特定する。その他のまとまりがどんな役割をしているのかを話し合い、およそのレイアウトを図にする。まとまり同士の関係図なので、おおよそでよい。

手順3　レイアウト図をもとに、リーフレットの計画を立てる。

画用紙をいくつに折ればよいかを話し合います。その際、レイアウト図を見て参考にする。何枚の見出しのリーフレットにしたらよいかを話し合う。これは、文章全体の構造を読むための話し合いにつながる。

手順4　画用紙を折り、リーフレットの各ページに小題をつける。

リーフレットの型紙をつくる。何回折るかでリーフレットの見出しの数が決まる。その型紙を見せながら画用紙を折る。そして、各ページの上部の欄に小題をつける。

手順5　説明文を読み取り、リーフレットの各ページを完成する。

その小題をもとに、各意味段落ごとに、「どんなことを紹介すればよいのか」「どんな図や絵を入れて、説明するのか」を共通課題として読み取るようにする。

手順6　筆者の主張・結論を載せるスペースについて話し合う。

リーフレットの内容と目的とを再度確認し、筆者の主張を載せるページが必要であることに気づかせる。裏表紙のスペースを活用させる。

実践実例

「むささびのひみつ」で、リーフレットのつくり方を習得する

「むささびのひみつ」編集委員会　学校図書『小学校国語』平成26年度　4年上

学習活動1
ひみつの数にこだわって、問いをもつ　手順1

　まず、むささびのひみつの数にこだわって問いをつくります。

　「自分でひみつの数を予想してみましょう」と問うと、子どもたちは、2つ、3つと答えます。中には、5つ、6つと答える子もいます。その子は、「それぞれのひみつは何と何なのか、答えましょう」と問うと、
- まくのひみつ
- 尾のひみつ
- 木の上での生活のひみつ

と答えます。「それでは、3つの見出しが見えるように折ればいいのですね」と確認します。そのあと、その3つのひみつに対応する形式段落を探し、意味段落ごとにまとめてそれぞれの意味段落との名前をつけます。そして、「リーフレットの見出しは、3つでいいですね」と確認します。

「まくのひみつ」
「尾のひみつ」
「木の上での生活ののひみつ」

　これが意味段落の小見出しになります。

　ただ、小見出しは細部を読み取っていないので、もっと読み取った情報が付け足された小見出しに深化していきます。その深化した小見出しが、実際のリーフレットの見出しになっていくのです。

学習活動2
レイアウト図で文章全体を俯瞰して、リーフレットの計画を立てる　手順2・3

　次に、この意味段落ごとの名前（小見出し）を使って、見取り図をつくります。見取り図とは、文章構成図まで詳しくなく、教材の全体像が見えるレイアウト図です。このレイアウト図をもとに、各意味段落ごとの細部を読んでいきます。

　そのときに大切なのは、細部を読み取るのは何のために読むのかを自覚させることです。つまり、リーフレットの各ページをどのような内容にしていくかということです。

　そこで、リーフレットには、読み取ったことをそのまま書き表すのではなく、図や絵を使ってわかりやすく再構成して説明するものであることを伝えます。

①見取り図にしたがって、意味段落ごとの具体と抽象を読み分けます。具体の段落と抽象の段落に読み分けます。
②具体の段落は、図や絵で表すようにします。図や絵に説明（要点）を添えていくようにします。
③抽象の段落は、そのページの見出しに加える新たな抽象部分です。キーワードを見出しの言葉に加えます。

　このような手順で、まず、ノートに下書きをするようにしながら、各意味段落ごとに読み進めるようにします。その際、リーフレットには、どんな図や絵を入れたらいいのか、その検討が重要になってきます。

学習活動3
リーフレット1ページ目「まくのひみつ」を完成する 手順4・5

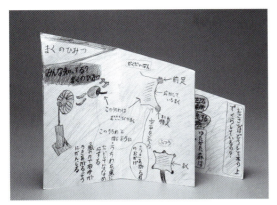

　むささびリーフレットの1ページ目「まくのひみつ」では、「どんな絵を入れるとよいでしょうか？」と発問します。すると、子どもは、「まくのひみつだから、むささびのまくが必要です」と発言します。しかしながら、もう一度❸〜❽段落を読ませると、その絵だけでは不十分なことに気づきます。

　もう1つの絵とは、扇風機でうちわを浮き上がらせる実験の図です。この2つの絵が、1ページ目には必要になるのです。さらに、この2つの絵には、どういう関係があるのか、リーフレットの誌面にはその説明が必要です。文章から読み取った「浮き上がらせる力」と実験との関係、その力とむささびが飛べる理由との関係を読み取らなければ、その説明を書き込むことはできません。その関係を読み取る時間を取りました。

　『このうちわと同じように』と『うきあがる力のおかげ』という叙述を使って、リーフレットの1ページの説明を作成するようにしました。この2つの叙述は、実験とまくの浮力との関係を説明するためには、重要な内容です。つまり、類比的思考と因果関係的な思考の両方が必要になるからです。この意味段落を構成する2つの論理的思考が、説明としてリーフレットに表れていることが大切なのです。

学習活動4
リーフレット2ページ目「尾のひみつ」を完成する 手順4・5

　リーフレットの2ページ目は、「尾のひみつ」です。このページは、❾段落❿段落を情報源として作成します。ここでの教材の論理は、次のとおりです。

　大切にしたい叙述は、「かじのように」という言葉です。つまり、「かじ」と「尾」が同じものであるのではなく、同じはたらきであるということです。そこが表れるような誌面にしなければいけません。

　そして、誌面には、木から木へ飛び移るために、その「尾のはたらき」が必要であることを説明している必要があります。

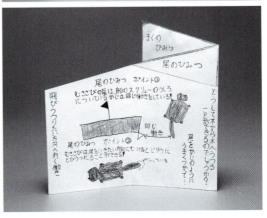

Ⅳ　制作・創作する活動

学習活動5
リーフレット3ページ目「生活のひみつ」を完成する 手順4・5

　リーフレットの3ページ目は、「生活のひみつ」です。このページは、⓫、⓬、⓭段落を情報源として作成します。しかし、子どもたちは、⓮段落も入れてもいいのではと発言しました。

　ここでの教材の論理は、次のとおりです。

　1つ目は、問いと答えの関係です。問い「むささびはどうして木の上でくらしているのでしょうか」に対して、その答えはどこにあるのでしょうか。

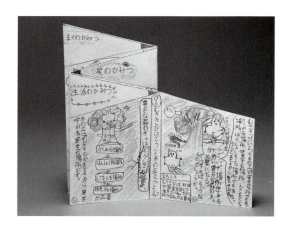

・天敵に襲われない安全な場所
・餌をとる場所
・休息する場所
・隠れる場所
・繁殖する場所

この5つが理由です。そして、最後に、「『豊かな森の木々』はどうしても必要なのだ」という結論に至っています。ですから、この最後の結論は、しっかりと誌面に載せるようにします。

学習活動6
⓮段落と⓯段落は、リーフレットに載せる必要があるかどうかを考える 手順6

> ＜⓮段落＞
> 　昔は、山につづく神社の森などにふつうに見られたむささびですが、いつの間にかめずらしい動物になってしまいました。それは、人間の生活する場所が広がったために、森や木がへり、むささびが住む場所がへってしまったからです。
>
> ＜⓯段落＞
> 　わたしたちの生活も大事ですが、森の生き物たちのくらしも大切です。だから、自然の中にいる動物たちも安全にくらしていけるように、みんなで考えたいものです。

　この2つの段落は、どんな役割をしているのでしょうか。その検証が必要になります。もう一度レイアウト図に戻って話し合います。⓮段落は、「生活のひみつ」のまとめになっていることがわかります。⓯段落は、筆者の主張になっていることがわかります。

　この2つの段落が本当に必要なのかについての検討から始めます。

　今まで作成してきたリーフレットをめくってみると、むささびの3つのひみつのページが目立ちます。これでは、読者への主張を書き込むスペースがありません。どうしたらよいかを話し合います。この戸惑いが、この単元にとって大切な学びになります。つまり、計画通りリーフレットが作成できなくなってしまったからです。それが、新たな情報を読み取ったことの証拠です。その情報をどうやって処理すればよいのかが、新たな問いになっていきます。

学習活動7
筆者の主張を載せるスペースを発見する
手順6

　裏表紙しかスペースはありません。そのスペースを活用して筆者の主張を述べるようにします。それでは、そのスペースに何を載せたらよいのでしょうか。筆者の主張とは、何なのでしょうか。その検討は、❹段落と❺段落の読み取りをもとに行いました。

　まず、❹段落と❺段落の4つの文を箇条書きして板書します。
- いつの間にかめずらしい動物になってしまいました。
- 森や木がへり、むささびが住む場所がへってしまったからです。
- 森の生き物たちのくらしも大切です。
- だから、自然の中にいる動物たちも安全にくらしていけるように、みんなで考えたいものです。

　すると、文の役割が見えてきます。その中から、筆者の主張の強い文とその主張を支える文との関係が見えてきました。

　それは、文末の比較からわかります。
「……なってしまいました。」
「……しまったからです。」

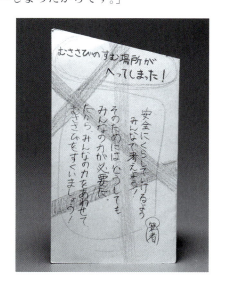

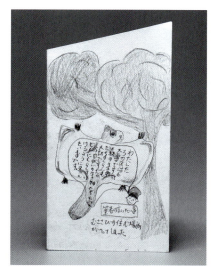

「……大切です。」
「……考えたいものです。」

　この文末の比較から、❺段落の主張性が強いことがわかります。と同時に、「からです」という文末から、何かの理由になっていることがわかります。それは、「めずらしい動物になってしまった」ことの理由になっているからです。その検討の結果として
- むささびのすむ場所がへってしまった。
- 森の生き物たちのくらしも大切です。
- 安全にくらしていけるように考えたい。

という3つの内容がリーフレットには必要であるという結論に至りました。

　そこで、3つの言葉を入れた誌面にしようと確認をして裏表紙を作成したのです。

　リーフレットをつくるときに、私たちが陥りやすいことは、誌面を子どもに任せきりになり、その誌面に載せる叙述の検討がなされないままに作成することです。やはり、「読むこと」と「つくる」こととの関連を図ることが大切です。きちんと読み取ったことが、誌面に表れるように指導することが大切です。

Ⅳ　制作・創作する活動

Ⅳ 制作・創作する活動

本の帯をつくる

作品の主題、中心人物の変容、クライマックスの一文などをとらえ、練った言葉で表す

　限られた小さなスペースでその本をアピールする「帯」には、思わず立ち止まり手に取りたくなるキャッチコピーが書かれます。そのため、国語の学習では、学習のねらいに沿って言葉を練っていくことになります。

　本の帯をつくることを通して、題名が象徴しているものや主題をとらえる力、中心人物の変容や作品を貫く一文、クライマックスの一文などをとらえ、一目でわかる言葉で表現する力が育ちます。

「国語授業を変える『用語』」へのリンク

◆中心人物・対人物…p.58　◆変容…p.68　◆山場、クライマックス…p.80
◆題名（物語）…p.86

▲子どもがつくった「カレーライス」の本の帯

手 順

手順1 **帯とは何かを知る。**

本の帯には次のような役割があることをおさえる。
- 限られた小さなスペースでその本をアピールする。
- 練った言葉を使う。
- 思わず立ち止まり、手にしたくなるキャッチコピーをつける。

手順2 **帯をつくる。**

作品を一読後、まずは帯をつくる。このとき、本物の本（実際に作品が掲載されている本）を用意すると効果的。

手順3 **クラス全員の帯を比べることで、読みのズレを明確化する。**

子どもの帯は、次のような観点で書かれることが多い。
- 主題について自分の読みを表現する。
- 中心人物の変容を表現する。
- 印象に残った一文を書き抜く。
- 視点を意識して表現する。

ここから、読みの課題をつくる。

手順4 **作品の細部を読み、主題を考える。**

中心人物が何によってどのように変わったかをとらえ、題名や主題を考える。

手順5 **再度、帯をつくる。**

自分の読みの変容に気づく。

実践実例

「カレーライス」で、本の帯のつくり方を習得する

「カレーライス」重松 清　光村図書『国語』平成26年度　6年

「何のために帯をつくらせるのか」活動の目的を教師が明確にもつことが大切

　帯をつくるという活動は子どもにとって魅力的です。教師が黙っていても多くの子が意欲的に取り組みます。だからこそ、「活動あって中身なし」の単元にならないようにすることが大切です。活動はあくまで国語のねらいを達成する手段です。帯づくりという活動が、目標にとって有効な手段になるかどうかを教師がしっかり把握することが必要です。

　帯づくりの有効性は次の3点にあります。

- ・友達との読みのズレを意識できる。
- ・読みの課題をもてる。
- ・自分の読みの変容を認識できる。

書く内容にしばりを設ける

　子どもが帯づくりの表現活動自体を楽しむようにしたいものです。実際の本屋さんに並ぶ帯を掲示するなどして子どもの意欲を高めましょう。実際の帯を見せると、子どもは、次のようなキャッチコピーをつけたがります。

- ・百万部突破！
- ・大絶賛！
- ・最新作
- ・読まないと損をする

　このようなキャッチコピーは、活動の目的に合いません。帯の役割にある「思わず立ち止まり、手にしたくなるキャッチコピーをつける」の具体として、「本の中身に興味がもてるようなキャッチコピーをつくろう」と投げかけ、上記のような例はそれにあてはまらないことを伝えましょう。

帯の面の役割を明確にすることが大切

　帯には、表面、裏面、背表紙と3面あります。それぞれ、どのような役割を担っているかを伝えると、子どもが表現しやすくなります。

　私は、次のように伝えました。

- ・表面…キャッチコピー
- ・裏面…あらすじ、説明
- ・背…作者名

　このような帯の面の役割は、固定化しているわけではないので、基本は「自由に表現してよい」と子どもが思っていることが必要です。

　それぞれの面の役割を教えることで、子どもの帯づくりへの抵抗感が軽減されることが大切です。

実物の本を用意することが大切

　教材が実際に掲載されている本物の本を用意しましょう。帯は、その本に実際に巻けるサイズでつくるのが大切です。教室に一冊でも本物の本があれば、子どもは、その本に帯を巻きつけながら表現意欲を高めていきます。たった一冊の本を用意するだけで、子どものやる気が変わります。

学習活動1
書く内容にしばりを設ける 手順1〜3

　まず、「帯とは何か」を伝えました。次に、一読後に帯を書き、全員で読み合い、どの帯が適していると思うか意見を出し合いました。ここで子どもたちは、「よい帯とはどんな帯か」という基準が曖昧なまま話し合っていることに気づきました。そこで、「よい帯」の観点を提示し、友達のつくった帯を分類しました。

《「よい帯」の条件》
次のいずれかの観点に立って作成している。
・主題
・題名が象徴するもの
・中心人物の変容
・変容のきっかけ
・中心人物のこだわり
・クライマックスの一文

《主題の観点でつくった帯》
・カレーライスを通して、ひろしは成長していく
《題名が象徴するものの観点でつくった帯》
・カレーには力がある
・カレーの味でわかる「ぼく」の気持ち
・ひろしの気持ちがカレーライスによって少しずつ変わっていきます。
《中心人物の変容の観点でつくった帯》
・「ごめんなさい。」素直になれないあなたに
・甘口（子ども）から→辛口（大人）へ
《変容のきっかけの観点でつくった帯》
・中辛カレーが家族を結ぶ！？
《クライマックスの一文に着目した帯》
・「何かつくるよ。ぼくつくれるから。」

　このように、「よい帯」の観点にあてはめて分類してみると、「ひろしは、どう変容したのか」「きっかけは、カレーライスか」など、いろいろな課題が生まれてきました。そこで、読みの課題を次のように設定しました。

○題名の「カレーライス」は何を象徴しているか。
○最初の「ひろし」と最後の「ひろし」では何が変わったか。
○ひろしが変わったきっかけは何か。

学習活動2
作品の細部を読み主題を考える 手順4

　まずは、作品の設定をおさえて、「読みの共通の土俵」をつくりました。

「人物」… ひろし（ぼく）、お父さん、お母さん
「いつ」… けんかした「ゆうべ」から5日間の出来事
「視点」… 一人称視点→ひろしの心情が伝わりやすい。

　次に、中心人物ひろしの変容を読みました。

「はじめのひろし」
　…意地っ張り。くやしい。
「終わりのひろし」
　…お父さんの優しさを受け止められるようになった。お父さんと仲直りして気持ちが楽になっている。
「きっかけ」
　…お父さんが眠いしかぜをひいているのに朝食をつくった。「ひろしも『中辛』なのかあ」とお父さんがうれしそうだった。

　さらに、繰り返しの言葉「カレー」からひろしの心情を想像することで、作品の主題を考えました。
　このときに意識したのが、設定の「5日間」という日数です。「お父さんウィーク」から考えると、「1日目のカレー」「2日目のカレー」「二人で作ったカレー」の3つに分かれます。発問は次のようにしました。

```
それぞれどんなカレーだろう？
```

〈お父さんウィーク1日目のカレー〉
→甘ったるい。しんが残っている。切り方がでたらめ。
〈お父さんウィーク2日目のカレー〉
→甘ったるさは変わらない。一晩おいてもおいしくない。三年生の頃まではすごくおいしかった。
〈二人でつくった特製カレー〉
→切り方はぶかっこう。しんは残っていない。『中辛』のカレー。ぴりっと辛くて、でも、ほんのり甘いカレー。

ここで、最後の一文に着目しました。「ぼくたちの特製カレーは、ぴりっと辛くて、でも、ほんのり甘かった。」この文から何が読めるかを話題にしたのです。

```
カレーの味「ぴりっとからくて」「ほんのりあまかった」は何を表しているのだろう？
```

「ぴりっとからくて」
→大人になっていないけど、その間くらい。少し大人になった。
→以前までは、火を使うので危ないからと使わせてくれなかったけれど、今回は、ひろしがしんが残らないようにしっかりにこんだ。
→お父さんに認めてもらえた。
「ほんのり甘かった」
→仲よくなれた
→お父さんと心が通ったうれしさ
→安心
→まだ、子どもらしさも残っている

ここで、子どもから次のようなつぶやきがあり、そのことが、題名が象徴しているものは何かを考えるきっかけになりました。

・何で、わざわざ「カレーライス」にしたのだろう。他の食べものでもいいのに。
・甘口、中辛、辛口と同じカレーライスでも味が変わっていくから、ひろしの成長が伝えられるから。
・カレーライスであることや切り方がぶかっこうであることは変わらないけれど、味が変わることで絆の中身が変わるから。

```
題名が象徴しているものは何か？
```

・ひろしの成長、気持ちの成長
・お父さんとひろしのかけ橋。
・父と子の絆
・お父さんとひろしを結ぶ道具

学習活動3
もう一度帯をつくる 手順4・5

作品の細部を読み、物語の二面性や題名が象徴するものを考えた後、もう一度、帯をつくる活動を組みました。帯をつくるときのポイントを、次のように与えました。

〈帯をつくるときのポイント〉
・「よい帯の条件」の中のどの観点で書くかを決める。
・表現形態を決める
　「体言止めにする」
　「呼びかけの文章にする」
　「題名を言い換えた言葉を使う」

次ページの帯は、題名を言い換えた言葉「大人への階段」で表現しています。一般的な帯のイメージからつくった一回目の帯と、帯をつくるときのポイントを意識して書いた二回目の帯との違いがわかると思います。

帯づくりは、作品の読みが帯の言葉に表れるようにすることが大切です。

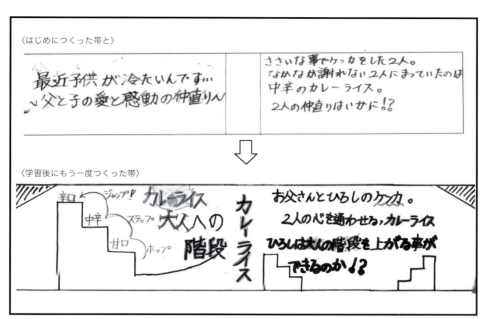

▲はじめにつくった帯と、学習後にもう一度つくった帯

ポップをつくる方法

「本の帯をつくる活動」に似た活動で、「ポップをつくる活動」があります。「ポップとは何か」を子どもには、次のように伝えます。

- お客さんが本棚の前を通り過ぎる前に、足を止めてもらって、手に取ってもらうための広告。
- その本に注目してもらい、買いたい気持ちを高めたり、買う気にさせたりする宣伝文。
- 説明文

帯との大きな違いは、3つ目の「説明文」となる意識です。帯をつくった子どもが同じようにポップもつくっています。帯に比べて、自分の読みを表現したり、あらすじに重きを置いて表現していることがわかります。

「帯をつくる活動」と「ポップをつくる活動」のどちらを選択するかは、何を表現させたいかによって決まります。自分の読みを文章で表現させたいのであれば「ポップ」のほうがよいでしょうし、変容やそのきっかけ、主題等に着目させたいのであれば、「帯」のほうがよいでしょう。

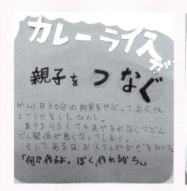

Ⅳ 制作・創作する活動

詩を読んで創作する

技法を学び、表現する力はもちろん、感じる力、対象を深くとらえる力を育む

詩は、自分の思いや感動、想像などを言葉に置き換えるものです。その表現方法を知り、自分の詩をより自分の感動に近い表現に磨きあげていくのが学びで、「詩の鑑賞」と「詩の創作」が車の両輪のように互いに補完し合って高まっていきます。

詩の論理を見い出し、詩の技法と効果を実際に使い表現力として生かせる力がつくのはもちろん、対象を見つめ、感じる力、対象をとらえ深くものを考える力も育てます。

「国語授業を変える『用語』」へのリンク

◆題名（詩）…p.96 ◆リズム、音数…p.98 ◆リフレイン…p.106
◆詩のおもな表現技法とその効果…p.110

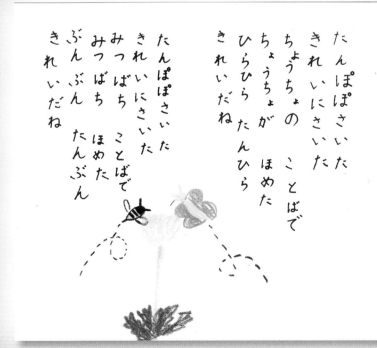

▲まどみちお「たんぽぽ」の特徴を生かして子どもがつくった3連・4連

手順

手順1　詩と出合い、作品全体をとらえてイメージをつくる。

次の3つの手立てを使って、最初のイメージづくりができるようにする。また、音読もしっかりさせる。
①題名から「問いの文」をつくり、読みの方向をもつ。
②「問い」に対する答えを求め、作品をまるごととらえた内容をイメージする。
③作品全体から自分のイメージをつくる。

手順2　技法と効果を関連させて読み、作品の論理を見つける。

イメージを支えている技法と効果が作品の中でどのように仕組まれているかを見つけていく。言葉を対比させたり、空欄を用いたり、架空人物を登場させたり、選択肢を提示したり、絵や図で表したりするなど、仕掛けをつくって思考の場を設定し、作品の論理に迫っていけるようにする。例えば次のようなものが考えられる。

- 教師がわざとまちがえた連を提示して、比較思考させる。… 次ページ **方法A**
- 穴あきにして、そこに入る言葉を考えさせる。… 次ページ **方法B**

　　　＊どちらも、視点は「音数の組み合わせ」と「繰り返し」

《「音数」を知る》
詩の学習で大切なのが「リズム」。そのリズムをつくっているのが「音数」。拗音、促音、長音の数え方の違いをきちんと把握し、それぞれの音数の数え方のきまりを明確にして正確に音数を数え、作品に流れるリズムをとらえられるようにする。

《「繰り返し」を知る》
「繰り返し」には、詩を読むときのリズムを整えたり、リズム感をつくったり、音の響きをよくしたり、強調したりという効果がある。同じ言葉を繰り返し使うことによって作者の感動が強調され、イメージが膨らみ、独特の雰囲気がつくり出されることに気づかせる。
その他の詩の技法と効果（比喩、擬人法、倒置法、体言止め、擬態語・擬声語、連の構成など）や語り手、中心語・中心文などもきちんと読み解いていく。

手順3　作品の論理を詩を書くときの約束事とし、何をどのように表現すればいいかという具体的な方法をもって、詩を創作する。表現に拓く。

- 手順2で見つけた作品の論理（リズム、音数、繰り返し、詩の構造などの表現技法や表現形式）を共通の約束事として取り上げ、整理する。
- 約束事を共通の土俵として、穴あきをつくって考えさせたり、続きの連を創作させたりする。作品の論理と関連させ、その論理を使って書けるようにする。
- 約束事が評価の観点になり、子どもたちは自分の作品を自己評価することができる。

> 実践実例

詩の特徴をとらえて、ほかの連を創作する

「はるですよ」よだじゅんいち　学校図書『小学校こくご』平成17年度2年上

方法A
詩の中からきまりや約束事を見つけ、その論理を使ってつくる　手順2

まど・みちおさんの『たんぽぽさいた』の詩を読み、元の詩にはない第3連を創作します。

```
　　　たんぽぽ　さいた
　　　　　　まど・みちお
たんぽぽ　さいた
きれいに　さいた
ひばりの　ことばで
ひばりが　ほめた
ぴいぴ　たんぴぴ
きれいだね

たんぽぽ　さいた
きれいに　さいた
たにしの　ことばで
たにしが　ほめた
ころころ　たんころ
きれいだね
```
『まど・みちお全詩集』理論社

第3連を創作するとき、次のような教師がわざとまちがえた連を提示して、子どもたちに比較思考させます。

```
たんぽぽ　さいた
きれいに　さいた
ウグイスの　ことばで
ウグイスが　ほめた
ホーホケキョ　ケキョケキョ
きれいだね
```

```
たんぽぽ　さいた
きれいに　さいた
```

```
せみの　ことばで
せみが　ほめた
ミーンミンミン
きれいだね
```

比較思考することで、子どもたちからは、

- 生き物は3音の春の生き物であること。ウグイスだと5音になってしまうから「が」の助詞をとったほうがよいとか、せみだと3音になってしまうし、夏の生き物だからだめなど。
- 5行目の言葉は、4音＋4音であること。5行目のあとは、「たん○○」となること。
- すべて平仮名で書くこと。

のような気づきがどんどん出てきます。

そこで、子どもたちから出てきた発言を整理し、共通の約束事とし、自分たちの創作活動に入っていきます。この約束事は、詩を書くときの方法になり、自己評価するときの観点にもなります。

次の詩もそうです。

```
　　　はるですよ
　　　　　よだ　じゅんいち
わらびの　太郎が
目を　さます。
わらびの　次郎が
目を　さます。
　はるですよ。
　はるですよ。

かえるの　太郎が
かお　あらう。
かえるの　次郎が
かお　あらう。
　はるですよ。
　はるですよ。
```

1連、2連を比べて読むことを通して、そこに共通して流れているきまりをとらえ、第3連を創作させます。まず、
(4音) 太郎が／(2音)(3音)。
(4音) 次郎が／(2音)(3音)。
　はるですよ。／　はるですよ。
という音数の組み合わせと繰り返しの基本文型、また、「めをさます」「かおあらう」のように動植物を擬人化することで春の訪れを表現していることに気づかせます。そのために、教師のほうで異質なものを提示して（音数の違うものをもってきたり、擬人化していないものを例に示したりするなど）その違いに着眼させる仕掛けが必要となります。そして、この詩に隠れているきまりを明確にし、何をどのように書けばよいのかを子どもたちにしっかりつかませてから、3連を創作させます。子どもたちから「自分でもつくりたい」と声が挙がるでしょう。自分たちできまりを見つけたからこそ、子どもたちの創作意欲が高まるのです。

方法B
穴あきをつくる場合　手順2

> 　　　みんながうたう　てんてんのうた
>
> 　　　　　　　　　おたまじゃくしわたる
> 　てんてんてん　なんじゃらほい
> 　おたまじゃくしが　てんてんてん
> 　おひさま　ぽかぽか　いけのなか
> 　あたまふりふり　てんてんてん
>
> 　　　　　　　　　　たんぽぽはるか
> 　てんてんてん　なんじゃらほい
> 　たんぽぽわたげが　てんてんてん
> 　かぜにふかれて　まいあがり
> 　わあ　めがまわる　てんてんてん

　　　　　　　　工藤直子「のはらうたⅠ」童話屋

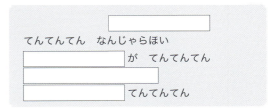

> 　てんてんてん　なんじゃらほい
> 　　　　　　　が　てんてんてん
> 　
> 　　　　　てんてんてん

　この詩では、音読してリズムを感じるとともに、リフレインの効果を考えながら、技法を創作に生かしていきます。

　まず、「おたまじゃくしわたる」と「たんぽぽはるか」の2つの連を比較して、気がついたことや見つけた表現技法を発表します。次のようなものが子どもたちから出てくるでしょう。

> ・4行の連の繰り返しになっている。
> ・連の1行目が同じ。
> ・2行目と4行目の終わりが「てんてんてん」になっている。
> ・音数は、1行が12～14音でできている。
> ・1行目は問い、2行目は自己紹介、3行目は出来事や何をしたか、そして4行目で締めくくりになっている。
> ・「てんてんてん」はたくさんいる様子を表している。

　その見つけた表現技法を活用して、今度は自分が「のはらむら」の住人になって連をつくります。穴あきにするのは、その論理を使って考えさせるためです。このとき「てんてんてん」の意味をよく考え、たくさんいることを意識しながら題材を探し、工夫を凝らし創作させます。

　また、「音数」や行のつながりに気をつけ、詩のリズムを崩さないようにしてつくらせます。

　詩を読んだときのリズムのよさは、決まった音数の繰り返しによって生まれます。音数と文字数の違いをしっかり区別させ、そのきまりの具体をはっきりととらえさせ、論理的に思考させ関連・発展させながら、興味をもって詩を創作させていきたいものです。

Ⅳ　制作・創作する活動　115

Ⅳ 制作・創作する活動

物語を創作する

物語を創作することで
物語を読む力も育つ

　低学年では、3枚程度の挿絵を手がかりに［はじめ］［中］［終わり］を意識して物語をつくります。中学年では、事件を工夫し、高学年では、人物像・関係を工夫します。

　物語を創作することによって、文章を書く力や、自分の考えを表現し伝える力が育つのはもちろんですが、自分が物語を読んだときに設定や構成を読み取る力、つまり読みの力も育ちます。

「国語授業を変える『用語』」へのリンク

◆設定…p.50　◆登場人物…p.56　◆中心人物・対人物…p.58
◆事件（出来事）…p.66　◆人物関係図…p.82

▲子どもが創作した物語

手順

手順1　子どもの意欲を引き出すような作品例を用意する。

表紙も整え、完成した作品例を示すことができると、作品のできあがりを楽しみに学習を進めることができる。

手順2　主題を考え、人物を設定する。

読者にどんなことを伝える物語にしたいのか、主題を考える。
中心人物と対人物、その他の登場人物を設定する。人物の性格や関係も考える。

手順3　物語の展開を考え、お話の図をつくる。

どのような事件が起きて物語が展開するか考えて、お話の図をつくる。

手順4　お話の図をもとに物語を書く。

お話の図をもとに詳しく叙述をする。

手順5　つくった物語を楽しむ。

完成した物語を互いに読み合い、感想を伝え合って楽しむ。

▶子どもが物語の設定や展開を考えた「お話づくりの計画」と、創作した物語。

実践実例

物語のおもしろさを大切にテーマを考えて、物語を創作する

学習活動1
子どもの意欲を引き出すような作品例を用意する 手順1

完成した作品例を示します。同じ学年の児童がつくった作品を見て、できあがりを楽しみに学習を進めることができるでしょう。また、どんな学習になるのか、見通しをもつことができます。

学習活動2
主題を考え、人物を設定する 手順2

まず、読者にどんなことを伝える物語にしたいのか、主題を考えます。

低学年では、3～4枚の絵をもとにして物語をつくっています。中学年では、宝島探検のようにストーリーが中心となる物語です。高学年では、さらに読み手を意識したテーマを決めてから構成を考えることにします。題名を考えることで、考えがはっきりする場合もありました。物語のおもしろさを大切にテーマを考えます。

次に、中心人物と対人物、その他の登場人物を設定します。人物の名前を決め、性格や関係も考えます。

考えた登場人物や設定を、下のような人物設定表に整理します。人物関係図に表すと、さらにわかりやすくなるでしょう。

学習活動3
物語の展開を考え、お話の図をつくる 手順3

考えたテーマを伝えるために登場人物たちの間にどのような事件が起きて物語が展開するかを考えて、表やお話の図をつくります。大きな事件をはさんで中心人物の変容を意識しながら展開を考えるように指示します。

＜児童が考えた主題＞
- 誰にも夢があることに気づき、夢をつかんでほしい。
- 新しい友達との出会い。
- 命の大切さを伝えたい。
- 家族の大切さに気づいてほしい。
- 生きるっていいな。
- 難事件を解決する話で楽しんでほしい。
- 冒険でたくましくなる話。
- 自然を大切にしてほしい。

人物設定表

【主題】身近にいる友達の存在に気づく

【登場人物】
- 中心人物　たかし
  - どんな人　一人っ子、気が強い、けんかっぱやい、小四
- 対人物　ゆり子
  - どんな人　たかしのおさななじみ、おくびょう、おとなしい、一人っ子、小四
- そのほかの人物1　ひろし
  - どんな人　おせっかい、元気、小四
- そのほかの人物2　はやと
  - どんな人　えんりょがち、小四

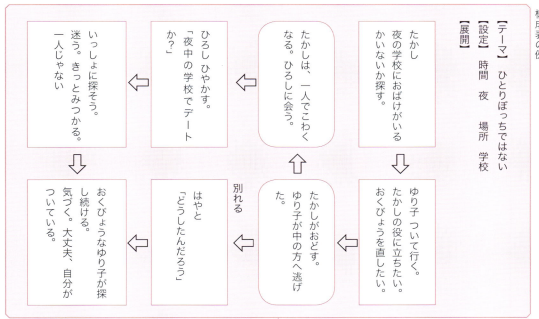

構成表の例

設定	場所・時間の設定 中心人物の登場
きっかけ	事件、対人物の登場
山場	中心人物の心の変容
結末	その後の様子

学習活動4
お話の図・構成表をもとに物語を書く　手順4

お話の図・構成表をもとに詳しい叙述をします。このとき特に書き出しの文には、苦労するものです。

また、工夫のしどころでもあります。例えば、次のようなものが考えられます。

- 設定の説明から始める。
  - 例「ある日の夕方の帰り道のことです。……」
- 場面の描写から始める。
  - 例「『ただいま。』……」
  - 例「ヒューとどこからか聞こえてきた。……」
- 人物紹介から始める。
  - 例「ぼくの名前は、○○。……」
- 意外性・不思議さなどから、読者を次へと誘う。
  - 例「今年の夏は、いなかへ行って、思い切り水遊びをするはずだった。……」

説明的な文ばかりにならないように、人物の会話や様子、場の様子を書き表すことで、場面の描写をしていきます。

下書きをしてから、清書をする場合もあります。けれども、長い物語になると書き直す時間が不足します。そこで、叙述の前に構成を詳しく考えます。文章が書き上がったら、読み返します。

物語に「はじめに」「もくじ」「人物紹介」「終わりに」などを付け足すこともいいでしょう。最後には、奥付を書き、仕上げます。

学習活動5
つくった物語を楽しむ　手順5

完成した物語を互いに読み合い、感想を伝え合って楽しみます。子どもたちが楽しみにしている活動です。コメントカードを用意すると読んだ人からの言葉が残ります。互いに温かい言葉を交わし合う機会にもなります。

Ⅳ 制作・創作する活動

短歌・俳句を創作する

リズムと音数、短歌・俳句の約束事を使って自分の思いを表現できるようにする

　短歌・俳句の創作は、ただ五音・七音の言葉を組み合わせればいいというものではありません。短歌・俳句のリズムを構成しているのは、「音数」であることや、音数と文字数の違いなどを知ったうえで、短歌・俳句の音数や約束事（季語）を学び、自分の思いを表現します。

　短歌・俳句の創作を通して、五音・七音の言葉を組み合わせてリズムをつくることや、そのリズムを使って自分の思いを表現することができるようにします。

「国語授業を変える『用語』」へのリンク

◆リズム、音数…p.98　◆律─外在律（五七調、七五調）…p.110

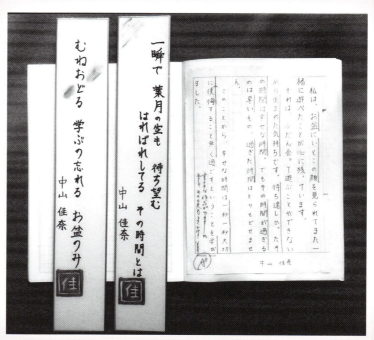

▲表現したい内容をまとめた作文と、それをもとに創作した短歌、俳句

手順

手順1　音数の数え方を学習する。
- 音数と文字数の違いを区別する。
- 「しょうがっこう」を例として、文字数だと「7文字」、音数だと「6音」となり、拗音と促音、清音の数え方をとらえさせる。
- 「拗音はくっついて1音・促音は独立して1音」の区別ができるようにします。

手順2　短歌・俳句について知る。
- 短歌のリズム……「五・七・五・七・七」のリズム
- 俳句のリズム……「五・七・五」のリズムと季語が入る

手順3　表現したい内容を作文する。
- 表現の内容として「美しい景色、わび・さびの世界、喜び・悲しみの心」を取り上げる。
- 表現したい内容を200字ぐらいで書く。

手順4　言葉を選び出す。
- 表現したい内容を表す言葉（単語）を文章から取り出す。
- 言葉を変化させる。（例：「そびえたっていた。」→「そびえたつ」）

手順5　音数を調整する。
- 取り出した言葉の音数が五音・七音の言葉になっている。字足らず、字余りの場合は、言葉を付け足したり削ったり、あるいは変化させて五音・七音に調整する。
  　例：「秋風」→「秋風や」

手順6　言葉を組み合わせる。
- それぞれのリズムに合わせて、言葉を選び出し組み合わせて作品をつくる。
- うまくいかない場合は、言葉を変化させる。

手順7　同じ音数の言葉を入れ替える。
- 同じ音数の言葉を入れ替えて、いろいろな作品をつくる。
  　例：　まぶしいな　　ひまわりの花　　夏の庭
  　　　　　　　　　↓
  　　　　夏の庭　　ひまわりの花　　まぶしいな

手順8　作品を選ぶ。
- 表現したい内容にぴったりの作品を選び、絵を添えて表現する。

実践実例

言葉を吟味して短歌や俳句のつくり方を習得する

学習活動1
表現したい内容を短作文に書く 手順3

短歌・俳句に表現したい内容を200字程度で表現させます。表現する内容としては、「心に響いた風景や出来事」を自由に作文させます。

> ひがん花
> 　私は、マンションの花だんに、一りんだけ一人ぼっちで咲いているひがん花を見つけました。秋の風にふわりふわりとゆれながらとてもきれいでした。
> 　私は、今まであまりよくひがん花を見ていませんでしたが、よく見ると真っ赤なすがたをして、とても美しかったです。
> 　真っ赤なひがん花を見て秋の色だなあと思いました。

どんなことに心を惹かれ、どんな思いをしたのかが中心となるように表現させます。行事等の内容では書きたいことが広がりすぎて、したことを順番に書いてしまい、説明的な文章になり、書きたい内容の焦点がぼけてきます。こうならないようにするために、文章を書く前に小さな紙に書きたい内容の絵を描かせて、その絵を説明するような文章を書かせると、書きたい内容が焦点化されて書きやすくなります。

学習活動2
作文から言葉を取り出させる 手順4

表現した作文の内容から、表現したい内容に合う言葉を取り出させます。このとき、子どもたちは、文単位で取り出してしまうので、「言葉」と「文」の違いをしっかりとおさえることが大切になってきます。

　例
「一りんだけひとりぼっちで」→「一りん」・「ひとりぼっち」
「よく見ると真っ赤なひがん花」→「真っ赤」・「ひがん花」

前掲の作文の子どもは、以下のような言葉を取り出しました。

> ・「花だん」　・「一りんだけ」
> ・「一人ぼっち」
> ・「ひがん花」　・「秋の風」
> ・「ふわりふわり」　・「ゆれながら」
> ・「きれい」　・「真っ赤なすがた」
> ・「秋の色」　・「美しかった」

取り出した言葉を見ますと、「美しかった」「きれい」等の心を直接的に表現する言葉を入れています。子どもの多くは、このように「くやしかった」「寂しかった」「おもしろかった」等の直接的な表現をする言葉を取り出します。短歌・俳句の創作においては、このような直接的な言葉を使わないで表現する工夫を考えさせます。そのために、その心を表現する別の言葉を考えさせるようにします。

例:「美しかった」→「輝いていた」「悔しかった」→「なみだを流した」

学習活動3
取り出した言葉を組み合わせる　手順5・6

短歌「五・七・五・七・七」や俳句「五・七・五」のリズムに合わせて、取り出した言葉を組み合わせます。このとき、字足らず、字余りになるので、文字を加えたり削ったりして音数を整えられるようにします。

例：「ふわりふわり」→「ふわりふわりと」
　　「真っ赤なすがた」→「真っ赤だな」

取り出した言葉では、なかなかうまくいかない場合には、この時点で言葉を変えるようにさせます。前掲の子どもは、次のように組み合わせました。

◆短歌
　秋の風　一りんだけの　ひがん花
　　　ふわりふわりと　花だんに光る
◆俳句
　花だんには　一人ぼっちの　ひがん花

学習活動4
同じ音の言葉を入れ替える　手順7

たいていの創作活動では、言葉を組み合わせて終わりになることが多いですが、ここから推敲活動に入り、作品をよりよく仕上げていきます。

推敲活動においては、「もっと、工夫しましょう」と漠然と投げかけてしまいがちですが、これでは、子どもたちは、何をどのようにすればいいのかがわかりません。具体的にその工夫を指示することが大切です。

ここでは、「同じ音数の言葉同士を入れ替えてみましょう」と具体的に投げかけていきます。

短歌・俳句における言葉は、「五音は五音同士で」「七音は七音同士で」入れ替えさせます。また、入れ替えることで言葉を変えて表現させてもいいようにします。

この活動によっていろいろな作品ができあがります。入れ替えることによって、表現が変わってくることを味わわせ、その中で、自分がいちばんいいと思う作品を選ばせます。

◆短歌
　秋の風　一りんだけの　ひがん花
　　　ふわりふわりと　花だんに光る
　　　　　↓
　秋の風　花だんに光る　ひがん花
　　　ふわりふわりと　一りんゆれる

◆俳句
　花だんには　一人ぼっちの　ひがん花
　　　　　↓
　ひがん花　一人ぼっちで　庭の花だんに

言葉の入れ替えでは、言葉を変化させていくことも工夫の一つとして指導します。

選んだ作品を色紙に表現させます。そして、作品に合う絵を加えて完成させます。

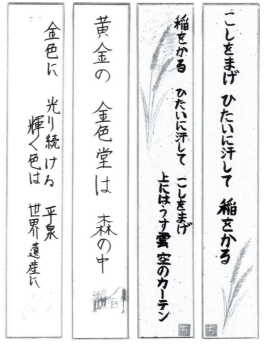

▲同じテーマで短歌と俳句をつくった、子どもの作品

教材の工夫も「方法」を示す手段

白石範孝の国語コラム

　子どもたちに整った字を書かせたいというのは、どの先生にも共通の思いでしょう。

　そのためには、はらい、とめ、はねをしっかり意識させることが必要ですが、これも子どもたちに「しっかりお手本を見るんだよ」といくら言ったところで、なかなか注意深く見るものではありません。

　そこで私は、下のような手本を作り、子どもたちに配っています。ひらがなとカタカナの五十音表で、はらいの部分には○、とめの部分には△、はねの部分には□の印がついています。この手本を見ながら書けば、子どもたちも「ここははねるんだな」「とめるんだな」と自然と注意しながら書くことができます。

　こういった教材を工夫することも、「方法」を子どもたちに示す大切な手段になると考えています。

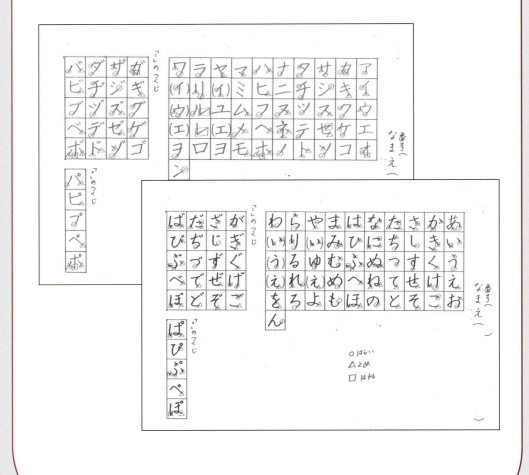

V 基本行動

視写する ……126
漢字を練習する ……130
ノートを書く ……134
音読する ……138

V 基本行動

視写する

書く力がつくだけでなく
注意して読むことにもつながる

　「視写」とは、単純に教科書の説明文や物語をノートに写す活動ではありません。ノートのマス目に合わせて書き写すことで、句読点や1文字下げなどを意識させます。

　これによって文字を書く力がつくのはもちろん、形式段落を意識し文章を注意して読む力や、文章全体の構成をとらえる力が育ちます。

「国語授業を変える『用語』」へのリンク
◆形式段落、主語連鎖…p.26

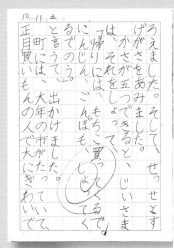

▲「かさこじぞう」を視写した子どものノート

手順

手順1　約束事を決める。

子どもたちが自分の力で段落を意識した視写ができるようにするためには、共通の視写の約束事をもつことが必要。ただし、約束事が多いとかえってわかりにくくなる。次の「5つの視写記号」のように、数を絞る必要がある。

記号	説明
●	行を変えて1マス空ける。（形式段落マーク） ●から書き始めて次の●が出てくるまでは、ノートのマス目に合わせてどんどん続けて書いていく。
○	句読点、「　」（カギ括弧）、?、…、!（を付ける記号） 文章の中で重要な役割をしているさまざまな記号を意識させながら付ける。
□	1マス空ける。 主に題名の上に何マス空けて書き始めるかを示すとき、あるいは、詩の視写での1字空きをするときに使う。
→	1行空ける 題名と本文の間、意味段落、場面が変わる場合に使う。ページとページの変わり目が見きわめにくいので特に気をつける。
△	行を変えて1マス空けない。（会話文「　」の場合） 物語文に多く出てくる。会話文の改行に使う。1マス空けないことがポイント。

手順2　教科書に視写記号を書き込む。

実際にノートに書き始める前に、手順1の5つの視写記号を教科書の文章に書き込んでいく。この活動で重要なことは、子ども全員の教科書に同じ場所に同じ記号をつけられていることである。まずは子どもたち一人ひとりに書き込ませていくが、全員が同じように記号が付けられていることを確認するために次のような活動を行う。

①一人ひとりが教科書に記号を書き込む

まずは、記号を子ども一人ひとりにしっかりと理解させるために、個人で書き込ませる。子どもの書き込みの様子から、その理解度を見て定着を図ることも大切である。

②二人組で確認をする

二人一組で、教科書の同じ場所に同じ記号が付けられているかを、最初から最後まで確認させる。記号の確認と理解の定着が図られる。

③全員で記号を確認する

書画カメラを使って教科書を写し、教師が教科書に記号を付けながら確認をさせると効果的。低学年の指導においては、特にこの活動が重要。

手順3　実際に視写する。

書き込んだ記号をもとにして実際に視写をさせていく。

実践実例

視写の仕方の基本をしっかり習得させる

視写でつまずきやすい部分

よく行われているのが「教科書の文章をきれいにノートに写しましょう」という指示だけで視写をさせるケースです。しかしそれではさまざまな問題が起こります。

なかでも子どもたちにとってのいちばんの問題は、教科書の文字数とノートのマス目の数が違うことです。だから「ここは、どうすればいいの?」という言葉が多く出るのです。

このほかにも、
・どこで行替えをするのかがわからない。
・会話文「　」の行替えがわからない。
・分かち書きで書かれている場合、分かち書きで書くの?
・一行空きの部分は、どうすればいいのか?
・知っている漢字はどんどん使っていいの?
などの声が出てくることでしょう。

こういった問題が起きるのは、ただ単に文章を写せばいいということになってしまっているからです。

教科書に書かれている文章をどのように読み、どのように書いていくか、その方法を明確にしていれば、子どもたちは、その方法に合わせて自分で考えながら視写することができるのです。

視写への意欲を低下させないために

視写を行う場合に子どもたちの意欲低下をまねくこととして「書き直し」が挙げられます。

視写をしている途中でまちがいに気づき、書き直そうとすると、多くの文をいったん消したうえで、書き直さなければならないことがあります。この苦労によって視写に対しての意欲が低下してしまうのです。

そこで、書き直す部分が少なくて済むようにするためには、改行を表す「●」を書くところごとに、教科書に書き込んだ記号と合っているかを確認させます。要するに、形式段落を1つ書くごとにさまざまな記号が正しく書かれているかを確認させるのです。

この確認作業によって、まちがいに早く気づいて書き直しの量が少なくなるとともに、より正確に視写することにつながります。

じっくり取り組める時間を確保する

　もう一つ、この視写の活動で大切にしなくてはならないのが、正確さと丁寧さです。このことを求めるためには授業時間内だけで視写をさせていたのではとても無理です。子どもたちが余裕をもって視写活動ができるようにすることが必要です。

　そのために、授業時間内でできない部分は、宿題にしますが、提出までの期間を長く設定することが重要です。短期間でやらなければならない状況では、子どもたちはあわててしまいどうしてもいいかげんな視写になってしまいがちです。

　視写の本来の目的のためには、じっくりと視写に取り組める時間を確保することが必要です。

視写記号を活用させる（「視写」の発展）

　視写活動は、その場限りの活動ではありません。さまざまな教材や場面において行われる活動です。視写活動を繰り返して行うことによって、物語の構成をとらえたり段落構成をとらえることによって、文章全体を俯瞰した読みができるようになります。また、視写活動の回を重ねることで「書くこと」の苦手意識を少なくしていきます。

　視写の活動を繰り返していくためには、視写記号をしっかりと理解していつでも使えるようにしていくことが大切です。いつでも同じような確認作業を繰り返すのではなく、徐々に子どもたち自身に任せ、最終的にはいつでも一人で視写記号を付け視写できるようにしていきます。

高学年で……

　視写の活動は、主に低学年の子どもたちに行われることが多い。高学年においては、文章が長く、視写するのに時間がかかってしまうという問題が出てきます。

　高学年で行う場合は、場面や意味段落を取り出してその部分をきちんと視写できるようにします。また、詩の学習においては、その詩の形式を重視して全文を視写する活動を行っていきます。

▼子どもの視写例

「北の春」丸山薫　東京書籍『新しい国語』平成14年6年上

▼子どもの視写例

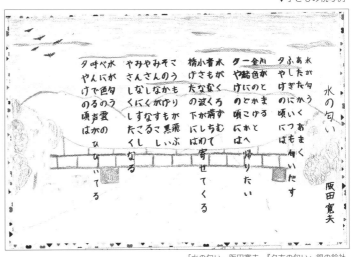

「水の匂い」阪田寛夫　『夕方の匂い』銀の鈴社

V　基本行動

Ⅴ 基本行動

漢字を練習する

　漢字の練習とは、同じ漢字を何度も書いて覚える……というものではありません。漢字ドリルは使用しますが、それは単なるお手本ではなく、覚えようとしている漢字のまちがえやすい部分や漢字の形をとらえるためのものです。

　漢字のさまざまなきまりを使い、初めて出合った漢字でも、その意味を自分で考え自分の力で書けるようにすることや、学んだ漢字を実際に文章の中で使えるようにすることが、漢字練習の目的なのです。

▲学習した漢字（右の2行に書かれた14文字）をすべて使って書いた漢字作文

手順

手順1　漢字のきまりを知る。

・筆順のきまりを知り、このきまりを使って漢字を見ることができる。
① 上から下へ　　（　弓・言・分　）
② 左から右へ　　（　行・引・竹　）
③ 交わるときは、横→縦　（　十・土・春　）
④ 真ん中で交わるときは、縦→横　（　田・王・曲　）
⑤ 1画か2画のものに、はさまれるときは、中→外　（　小・当・水　）
⑥ 外側を囲むものがあるときは、外→中　（　国・同・円　）
⑦ はらいは左が先　　（　人・文・失　）
⑧ つらぬく画は最後に　　（　母・子・中　）
⑨ 内側の「折れ」は、折れ→はらい　（　万・分・男　）
⑩ 外側の「折れ」は、はらい→折れ　（　九・晩・風　）

・漢字は、2つの部分に分けることができる。
　2つの部分に分けることで、筆順の順番を見ることができる。さらには、その漢字の部首も見つけることができることに気づく。

手順2　漢字を2つに分けて仕組みをみる。

・漢字を2つに分ける。
　2つに分けることで、どこから書き始めるのかを考える。
　※低学年の場合は……
　　　習った漢字やカタカナが含まれていないか…といった視点でその文字をよく見て2つ、あるいはいくつかの部分に分けられるようにする。
　※高学年の場合は……
　　　漢字を音読みして「音符」と「意符」に分けて考えられるようにする。「音符」と「意符」に分けることで、その漢字の部首が導き出せることを知る。「意符」がその漢字の部首になることをおさえる。

手順3　漢字作文を書く。

漢字を覚えるということは、その漢字の読み方、書き方等を中心として行われるのが一般的である。しかし漢字を学習し覚えることで、実際の文章の中で使えるようにすることが大切である。実際の文章の中で漢字を正しく使えるようにするのが、「漢字作文」である。
漢字作文は、次のような約束で書いていく。
・学習した新出漢字をすべて使って、創作文を書く。
・規定の原稿用紙1枚にまとめる。
・使った漢字に赤線をつける。

実践実例

漢字学習の仕上げに漢字作文を書く

新出漢字の学習

新出漢字の学習では、以下のような「くりかえし漢字ドリル」を使っています。

この新出漢字の紙面を使って、まずは、子ども一人ひとりが自分で漢字をどこで２つに分けることができるかを考え赤線を入れていきます。さらに、２つに分けた漢字のどの部分から書いていくのか、矢印を入れていきます。

この時点で、筆順のきまりである「上から下へ書く」「左から右へ書く」を活用して筆順を考えていきます。筆順のいちばん基本となるこの２つのきまりを全ての漢字にあてはめて考えさせていきます。そして、次のような紙面ができるのです。

筆順のきまりを活用させることで、筆順を自分で考えることができるようにしていきます。そして、一つひとつの漢字の筆順と注意する細かい部分を書き込んでいき、ドリルページの紙面を使って練習をします。

◀手本に注意事項などを書き込んでから練習した漢字ドリル

漢字作文を書く 手順3

① 漢字ノートに練習をする

ドリルで練習した新出漢字の定着を図るために漢字ノートに練習をします。この時点での練習は、それぞれの漢字をきちんと書けることを目的としているので、同じ漢字を1行ずつ書いていきます。

この活動は、授業時間では無理なので提出日を2～3日後に設定して、丁寧に仕上げることができるようにします。大切な事は、提出日を急がせないことです。

提出されたノートは、それぞれの漢字に書き込んだ注意点がきちんとできているかを見るようにします。

② 漢字作文を書く

ドリルとノートの提出が終わって、1週間後あたりに、以下のような原稿用紙を使って、漢字作文を書く活動を行います。漢字作文は、学習した新出漢字を全て使って、原稿用紙1枚で仕上げていきます。この活動では、新出漢字を文章の中で正しく使えることを目的としますので、漢字を組み合わせて熟語にして使ってもいいようにします。また、次のような約束事を設定します。

◎指定された漢字は全て使って、創作文を書きます。その他の漢字も使っていいことにします。
　※創作文にすることで楽しく書きやすくする。
◎原稿用紙1枚以内で書きます。
◎使った漢字には、全て赤線を付けます。
　※漢字全てを使ったことを確認できるように。
◎全ての漢字が使えるように熟語として組み合わせて使ってもいいです。
◎一つひとつの漢字を丁寧に書くことを目指します。

以上のような約束を守って、以下のような漢字作文に仕上げていきます。

▲p130の漢字作文と同じ14文字を使った、ほかの子どもの漢字作文。

Ⅴ 基本行動

ノートを書く

学び方や考え方を身につけたり、創意工夫したりすることにつながる

　ノートは、黒板に板書された内容を書き写すなどして、授業を振り返ることができるようにする役割がある一方、試行錯誤しながら読んだり、悩みながら書いたり、自分の学習の軌跡でもあります。したがって、「ノートを書く」とは、黒板の複製から思考の過程を残すノートにしていく言語活動といえます。単なる記録やメモではなく、ノートを書くことが、学び方や考え方を身につけたり、創意工夫したりすることにつながるのです。

「国語授業を変える『用語』」へのリンク

◆形式段落、段落の主語…p.24　◆意味段落、主語連鎖…p.26
◆段落相互の関係、文章構成図…p.38

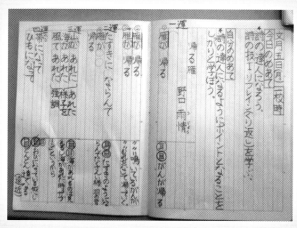

▲子どものノート

手順

手順1　「見える化」した考えるノートづくりをする。

抽象的なひとまとまりの文章を、語と語、文と文、段落と段落の関係で、分類・整理する。子どもにとって、文章は記号の集合体にしか見えない。文脈を読み取らせるためには、文章をできるだけ「見える化」する必要がある。

そのためには、例えば、箇条書きにする。教師が黒板に視写しながら、子どもには、ノートに一文一文を丁寧に箇条書きをさせる。その文頭と文末に着目させる。次に、文の主語と述語に着目させる。すると、文のそれぞれの役割と文脈が浮き上がってくる。また、次のような書く活動を授業に取り入れて、読みの授業を設計し、考えるノートづくりをする。

① 視写した文章に赤線と青線でサイドラインを引く。
② 重要語句だけを書き抜く。
③ 箇条書きで視写する。
④ 主語や重要語句を補って書き込む。

手順2　読み比べるための考えるノートづくりをする。

ノートづくりには、読み比べることも大切。読み比べるとは、読み分けた叙述を比べることで、その相違点や共通点に気づき、その具体と抽象の関係を理解できるようにする。

したがって、読み分ける学習活動から、読み比べる学習活動へノートづくりを発展させていく。そのために、有効な「見える化」の学習活動は、表にして読むこと。表にするために読み分け、表に読み分けた叙述を読み比べることで、具体と抽象の関係を理解できるようになる。

① 読みの視点で表に整理して書く。
② 共通点や相違点を探して、赤線と青線を引く。
③ 表の縦項目と横項目を考えて、書き入れる。

手順3　読みつなぐための考えるノートづくりをする。

読みつなぐ学習活動は、説明文では、語と語、文と文、段落と段落を関係づける読みの学習。そして、その読みの学習をまとめる読み取った段落構成を文章構成図に表す。

また、文学作品では、人物と人物との人物関係図や文脈を概観したお話の図、サークルクロスなど、作品を俯瞰したノートづくりをさせる。

実践実例

ノートを書く指導の基本と考えるノート指導の実践

「花を見つける手がかり」　吉原順平　教育出版『小学国語』平成26年度　4年下
「あらしの夜に」　木村裕一　学校図書『小学校国語』平成26年度　3年上

考える力を鍛える「説明文」のノートとは？

ノートには、いくつかの役割があります。
1つは学習の記録です。

ノートに学習のねらいや振り返りを書くことによって、何のために学び、どんな学習の成果があったのか意識づけができ、1時間の学習がしっかりと引き締まります。特に、学習のねらいは、赤で囲みます。

もう1つは、複写を行うためのツールです。

考えるノートづくりの基本は、箇条書きによる視写です。文頭をそろえると、文頭や文末の違いや文の役割が見えてきます。

また、強調したい部分などでは、赤や青の鉛筆で色分けして定規を使いサイドウインを引きます。学習の振り返りも赤で囲みビジュアル的に見やすいノートにします。

さらに、教材文に書かれていることを整理するためのフィールドとなることも、ノートの大切な役割です。

図や表を使って見やすくまとめることは、論理的思考力を鍛えることにつながります。

事実と説明、考えと根拠、原因と結果などを読み分けることで、段落と段落の関わりが見えてきます。そのために、図や表にしていくことが大切なのです。

下のノートは、「花を見つける手がかり」を学習したものです。「花を見つける手がかり」は、実験によって植物を見分けることについて書かれた説明文です。そこに書かれていることを整理するために、縦軸に実験の種類、横軸に実験の方法を観点として、表にまとめました。

この表によって、いろいろなことが見えてきます。1つ目は、実験のねらいが違っていること。そして、2つ目は、実験のねらいが前の実験を前提にして生まれ、新しい問題につながっていることです。こういったつながりを読むことが説明文の文脈を論理的に読むことになります。

さらに、図や表で読んだあと、文章構成図を書かせます。序論と本論と結論を明確にして、話題提示や中心問題の用語を使い、基本的に赤や青鉛筆を使い見やすく書くように工夫しました。

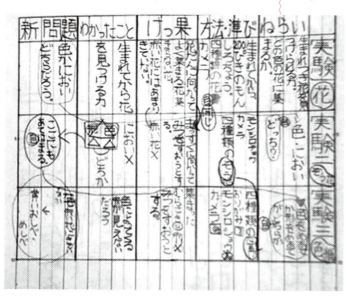

考える力を鍛える
「物語教材」のノートとは?

ノートは、自分の学びの軌跡です。形式的なノートづくりだけではなく、どのような学びを書き込んでいくのかが鍵となります。そのために、物語教材のノートでも図や表を活用することが大切です。文章の因果関係や文章構造などを目に見える形式で表すことで、子どもたちの考える力もついてきます。

下のノートは、「あらしの夜に」を「お話のおもしろさを考えよう」という単元で指導し、サークルクロス(円の重なり)で読みの視点をもたせ、語り手という存在を理解させたときのものです。「語り手だけが知っている世界を探そう」という学習目標で読み進め、サークルクロスで語り手の存在を確認しました。

この作品のおもしろさを、中心人物であるやぎの円、対人物であるオオカミの円、そして、語り手(作者)と読者という円で構成される円の重なりで表現することで、作品全体の構造に着目することができました。

サークルクロスで重なった部分からは、やぎとオオカミという相反する者同士の友情について読み取らせました。

また、重なっていない部分からは、互いが誤解をし合い、思い込んでいるおもしろさを取り上げました。

さらに、作者と読者だけが気づいている作品のおもしろさをサークルクロスで整理しました。このとき、子どもたちは、「あらし」や「雷」や「夜」という場面設定が二人の出会いの場を演出していることについて気づくようになりました。

このように、サークルクロスという図をノートに書くことで、作品を構造的に読む方法が身についていくのです。

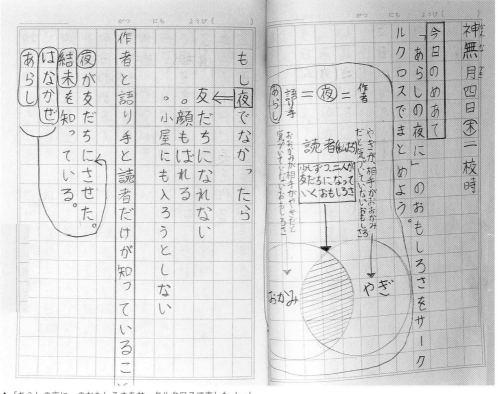

▲「あらしの夜に」のおもしろさをサークルクロスで表したノート

Ⅴ 基本行動

音読する

音読の「せ・な・か」が育つ

　音読は，読みの学習の基本です。

　まずは、理解するための音読があり、次に表現するための朗読があり、表現を楽しむための群読につながります。

　正確に音読しようとすることが、文章の内容をじっくり読解することにもつながります。

　音読によって、

「せ」…正確に読む力、

「な」…内容をおさえて読む力、

「か」…解釈して読む力

つまり、音読の「せ・な・か」が育ちます。

「国語授業を変える『用語』」へのリンク

◆設定…p.50　◆登場人物…p.56　◆地の文・会話文…p.62

▲音読のようす

手順 「『せ・な・か』読み」で音読力を鍛える

手順1 「せ」…正確に音読する力を鍛える。

発音以前の指導、発声の仕方の指導が大切であり、声の出し方、口の形のつくり方をきめ細かく指導することで読み声をつくっていく。

また、相手意識をもたせることが、音読指導の鍵であり、声を届ける目標を意識させることである。授業中だけではなく、さらに、音読カードを使って、家庭学習で音読力を鍛えることが大切である。

手順2 「な」…内容をおさえて読む力を育てる。

「内容をおさえる」とは、確認読みである。登場人物、人物の行動や様子、会話文と地の文をおさえたり、時と場面をおさえたり、挿絵を着目してあらすじをおさえたりする。

そのために、音読をどのように活用すればよいかを考え、工夫することが大切。そのことで、解釈するための共通の土俵ができる。

手順3 「か」…解釈して読む力を育てる。

音読で解釈するとは、音読を通して、人物の心情を想像したり、場面の様子を想像したり、変容の因果関係を考えたりすることである。そして、その解釈したことを活用して、読み味わって音読する表現読みや朗読に発展させていく。

音読に苦手意識をもっている子への対応

　音読に自信のない子には、音読させる前の日に予告をして、準備をさせます。「明日、この段落を読んでもらうから、家で練習してきてね」と指示し、翌朝、聞いてあげます。そこでは、大いにほめて、励まして、自信をもたせてあげてください。

　形態も、小グループから始めます。3〜4人のグループ内での音読発表から始めます。

　教師の支援も必要です。追い読みをしながら、声を出すことに慣れさせます。また、交互読みで、教師と交代しながら音読することで、間をつくり、音読の抵抗を少なくしていきます。

　声のトーンも少し上げて音読すると、声に明るさと自信が出てきます。追い読みのときに、意図的に教師の声の高さを上げてみてください。みんなに認められることで自信がつけば、もう大丈夫です。焦らず、一つひとつ成功させて、ほめてあげましょう。

実践実例

音読の基本「せ・な・か」読み

◆「せ」‥正確に読むこと

- まちがわずに正しく音読する。
- すらすらと音読する。

発声・口形・舌の動きの指導で、読み声をつくる。

口ごもる、元気がなくぼそぼそと読む、張りのある声が出てこない……これらは、その子の責任ではありません。発音以前の指導、つまり発声の仕方の指導がなされていないからです。

声の出し方、口の形のつくり方、舌の動きを意識した指導で読み声をつくっていきます。

まず、声が出ているか、自覚させることが大切です。両手で脇腹をおさえながら声を出して、お腹が動いているか確認させます。

次に、片手を口前にかざし、息の強さを感じながら声を出させます。歯列音で「シ、シ、シ—」と5セット繰り返すことで、読み声を自覚できます。

口形図を見て、口の形を意識ながら声を出すことも大切です。まずは、母音の練習です。手鏡を持たせながら、ア・イ・ウ・エ・オの発音をした時の口形に気をつけさせます。

さらに、子音の練習です。2人の児童を向い合せ、互いの口形を見合いながら音読をさせるとよいでしょう。また、特にラ行の舌の動きが難しいので、「レロ、レロ、レロ……」と20〜30回繰り返しながら、舌の動きを滑らかにします。

声を届ける相手意識が、音読力を育てる。

声は、聞いてもらう相手を意識しないと出てこないのです。

ただし、相手といっても、必ずしも人でなくてかまいません。「向こうの木に向かって、声が届くくらいの声で読んでみよう」と指示するだけで、読み声が変わってきます。

また、黒板に向かって一斉に声を出すよりも、互いに声を聞き合うような形で読むと声が出てきます。廊下側と窓側に分かれて、互いに向き合い、交互に声を出し合わせてみてください。子どもたちの中に音読を聞き合う活動が成立し、互いに競い合って声を出し合うようになります。

ストップ読みや音読対話などで正確に読む力を育てる。

正確に読む力を育てるための方法には、ストップ読み、句読点読み、音読対話などがあります。

ストップ読みとは、指名読みを基本として、代表児童が音読する方法です。読みまちがえたり、読み抜かしたりしたら、「ストップ」と声をかけ、次の児童と交代します。緊張感の中できちんとまちがわずに読む力を鍛えるためには効果的です。

また、すらすら正確に音読する力を身につけさせるためには、句読点読みも有効です。

音読対話とは、二人組で、文章を正確に読む練習をする方法です。聞く側の児童は、読みまちがえやつかえた言葉に印をつけながら聞き、その印をもとに、聞き手側からのアドバイスをします。

音読カードで家庭学習

授業中だけではなく、さらに家庭学習で音読力を鍛えることも大切です。音読カードを使って保護者にも聞いてもらうと定着が早くなります。音読カードの観点は、「正確に読む力」を中心にするとよいでしょう。

◆「な」‥内容をおさえて読むこと

- 人物の行動や様子や心情をおさえる。
- 会話文をおさえる。
- 時と場面をおさえる。
- 挿絵をおさえる。

内容をおさえて読むためには、特に、役割読みや分担読みが有効です。動作化したり、劇化したりして、人物になりきって読んだり、場面を意識させて読んだりするとよいでしょう。

こういった練習方法は、特に会話文に適しています。例えば「お手紙」（2年）のがまくんとかえるくんとの会話文では、心情を想像させる前に、この役割読みを行うと効果的です。

まず、いくつかの会話文を抜き出し、それが誰のものなのかを話し合わせます。人物を特定したら、役割読みを行い、次に、がまくんだけの会話を抜き出して音読すると、がまくんの心情の変化をおさえることができます。

また、説明文で分担読みを行うと、どこに何が書かれているかをおさえることができます。「じどう車くらべ」（1年）では、「バスとじょうよう車」「トラック」「クレーン車」の役に分かれて音読します。さらに、挿絵を教師が提示しながら、分担された段落になったら起立して音読させることで、書かれている内容が変わる部分がよりわかりやすくなる。

また、教師がわざとまちがった挿絵を示すことで出てくる、「先生、ここはクレーン車じゃないよ」という子どもの反応を活用し、文章に戻って細部を読むきっかけにすることができます。

◆「か」‥解釈して読むこと

- 音読で比べて、気持ちを想像する。
- 音読を聞き比べて、場面の様子を想像する。
- 解釈して、読み味わって音読する。
- 読み取った場面の様子や気持ちを考えて音読する。
- 「○○のように」という表現読みをする。

解釈レベルの読みでは、音読を聞き比べて解釈することが大切です。「大造じいさんとガン」（5年）では、「ううん」と「ううむ」を音読し、その音読の聞こえ方の違いから、大造じいさんの心情の深まりを読み深め、解釈していきます。

また、解釈レベルの読みでは、聞き手の指導が大切です。「○○の気持ちを考えて音読します」と児童に自分の解釈を発言させてから音読させ、音読後、聞き手に「どのように聞こえましたか？」と全体に発問します。その解釈が理解できたところを発表させるようにする。

次の段階では、「気持ちを考える」から「○○のように音読する」という表現読みへ発展させていく。

＜表現読みの観点・○○ように読む例＞
- 笑いながら・おこったように・さびしそうに・口ごもって・優しそうに・どなるように
- 泣き声で・ささやくように・暗く，沈んで
- くやしそうに・問いかけるように・いばったように・がっかりして・思い出して・はずかしそうに・明るく弾んで

Ⅴ　基本行動

おわりに

　本書の冒頭でふれた、2年生がつくった新聞を再度ご覧いただきたいと思います。

　この新聞をお見せすると、「2年生なのにすごい」「特別な子どもたちなんでしょう」といった声をよく聞きます。しかし、この新聞を書いた子どもたちは、特別に勉強ができる子どもだとか、特別な訓練を受けた子どもではありません。ただ1つ違っているのは、「新聞をつくる方法を知っている」ということなのです。

　言語活動の本質は表現活動です。本書で述べてきたとおり、数多くある言語活動の目的はそれぞれ異なりますが、いずれの場合でも、子どもたちは言語活動をとおして、自分を自分らしく表現するための「技」を手に入れるのです。

　「表現活動」というと、作文や絵などいわゆる「作品」をつくる活動というイメージがあるかもしれません。しかし、例えば物語の学習でお話の図をかくことも、説明文の学習で内容を表にまとめることも、自分が感じたこと、自分が考えたことを図や表で表しているわけですから、これらも立派な表現活動といえます。

　「技」をもたなければ、何をどう表現すればいいのかわかりません。だから、表現したいものがいっぱいあっても、思うように表現できないで終わってしまい、表現することが嫌になってしまうのです。

　「技」とはつまり「方法」です。方法を知ること、これは、子どもたちを積極的に表現に向かわせるための武器になります。表現する方法を身につけた子どもは、生き生きと自分自身を表現することができるようになるのです。

　新聞をつくる方法を手に入れた2年生は、自分が感じたことを新聞に表現する喜びを得ることができました。同様に、お話の図をかく方法を手に入れた子どもたち、説明文を表にまとめる方法を手に入れた子どもたちも、表現の喜びを得ることができるのです。

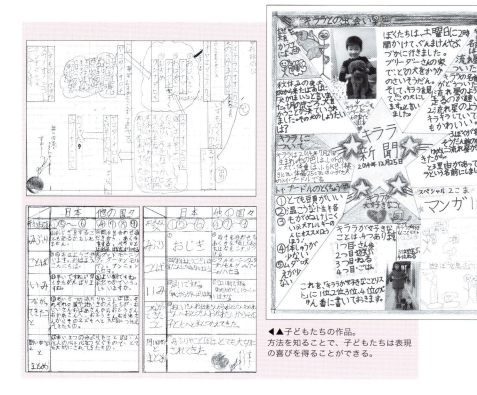

▲▲子どもたちの作品。
方法を知ることで、子どもたちは表現の喜びを得ることができる。

　このように「方法」という技をもつことの重要性を感じていただけたでしょうか。

　本書では、国語の授業の中で行われる頻度の高い活動を例として、その具体的方法を紹介してきました。紹介した方法が子どもたちの技となることを願っております。

　最後になりましたが、本書の企画や出版につきましていろいろとご意見、アイデアをいただき、ご協力してくださいました、文溪堂の岸保好様、佐竹哲夫様、そして、装文社の金子聡一様にお礼申し上げます。
　ありがとうございました。

　　平成27年2月

　　　　　　　　　　　　　　　明星大学教授　白石範孝

編著者紹介

白石 範孝（しらいし のりたか）
1955年鹿児島県生まれ。
東京都の小学校教諭、筑波大学附属小学校教諭を経て、現在、明星大学教授。著書に、『白石範孝のおいしい国語授業レシピ』『白石範孝の国語授業のフルコース』『3段階で読む新しい国語授業』『まるごととらえる国語教材の分析』『国語の冒険』『国語授業を変える「原理・原則 Ⅰ説明文編、Ⅱ物語・詩編』『新 国語授業を変える「漢字指導」』『新 国語授業を変える「用語」』（文溪堂）、『白石範孝の「教材研究」』（東洋館出版社）など多数。

著者紹介（50音順）

江見 みどり（えみ みどり）　東京都武蔵野市立第四小学校
駒形 みゆき（こまがた みゆき）　東京都杉並区立杉並第七小学校
田島 亮一（たじま りょういち）　晃華学園小学校
野中 太一（のなか たいち）　横浜国立大学教育人間科学部附属横浜小学校

写真：佐藤正三（株式会社 スタジオオレンジ）
デザイン・DTP：野澤義彦・菅原純子（有限会社 野澤デザインスタジオ）
編集協力：金子聡一（株式会社 装文社）

国語授業を変える 言語活動の「方法」

2015年3月　第1刷発行
2022年7月　第3刷発行

編 著 者　白石範孝
発 行 者　水谷泰三
発 行 所　株式会社 **文溪堂**

　　　　　東京本社／東京都文京区大塚3-16-12　〒112-8635
　　　　　　　　　　TEL（03）5976-1311（代）
　　　　　岐阜本社／岐阜県羽島市江吉良町江中7-1　〒501-6297
　　　　　　　　　　TEL（058）398-1111（代）
　　　　　大阪支社／大阪府東大阪市今米2-7-24　〒578-0903
　　　　　　　　　　TEL（072）966-2111（代）
　　　　　ぶんけいホームページ　http://www.bunkei.co.jp/

印刷・製本　サンメッセ株式会社

©2015 Noritaka Shiraishi Printed in Japan
ISBN978-4-7999-0124-3　NDC375　144P　257mm×182mm
落丁本・乱丁本はお取り替えします。定価はカバーに表示してあります。